DIE BESTEN FILME UND SCHAUSPIELER ALLER ZEITEN

AF280388

GERD EGELHOF

DIE BESTEN
FILME UND SCHAUSPIELER
ALLER ZEITEN

-EIN SUBJEKTIVER QUERSCHNITT DURCH
DIE WELT DES FILMS-

Gesamtcopyright:
Gerd Egelhof, Waiblingen

Copyright des Titelbildes:
Klaus Bräunlinger, Schwieberdingen
Mai 2001

Herstellung: Books on Demand GmbH, Norderstedt
ISBN: 3-8311-3890-7

Inhalt

**DIE BESTEN SPIELFILME, FERNSEHFILME
UND SERIEN VON 1930-1990**

DIE BESTEN SCHAUSPIELER DES 20. JAHRHUNDERTS

DIE BESTEN SPIELFILME, FERNSEH-FILME UND SERIEN VON 1930-1990

DEUTSCHE SPIELFILME (1930-1990):

Der blaue Engel (1930)
Filmdauer: 103 Min.
Darsteller: Emil Jannings, Marlene Dietrich, Hans Albers
Regie: Josef von Sternberg
Inhalt: Professor Rath verfällt der Tingeltangel-Sängerin Lola

Glanz und Elend einer Verlorenen (1959)
Filmdauer: 100 Min.
Darsteller: Belinda Lee, Walter Rilla, Paul Dahlke, Karl Schönböck, Claus Wilcke
Regie: Rudolf Jugert
Inhalt: Die Geschichte des Mädchens Rosemarie, das ihr Geld mit Liebesdiensten verdient

Das Mädchen und der Staatsanwalt (1961)
Filmdauer: 88 Min.
Darsteller: Wolfgang Preiss, Götz George, Elke Sommer
Regie: Jürgen Goslar
Inhalt: Oberstaatsanwalt Soldan verfällt einer jungen Frau und setzt seine Ehe aufs Spiel

Das Geheimnis der schwarzen Handschuhe (1969)
Filmdauer: 88 Min.
Darsteller: Tony Musante, Eva Renzi, Mario Adorf
Regie: Dario Argento

Inhalt: Ein Mordversuch an der Galeristen-Gattin Monica bringt einen Zeugen in Lebensgefahr

Liebe ist kälter als der Tod (1969)
Filmdauer: 85 Min.
Darsteller: Ulli Lommel, Hanna Schygulla, Rainer Werner Fassbinder, Hans Hirschmüller, Irm Hermann, Ingrid Caven
Regie: Rainer Werner Fassbinder
Inhalt: Ein Spitzel soll einen Zuhälter zu einem Bankraub überreden

Katzelmacher (1969)
Filmdauer: 86 Min.
Darsteller: Hanna Schygulla, Rainer Werner Fassbinder, Irm Hermann
Regie: Rainer Werner Fassbinder
Inhalt: Ein Grieche wird zur Zielscheibe einer kriminellen Jugendbande

Blondies Number One (1970)
Filmdauer: 77 Min.
Darsteller: Gabi Larifari, Barny O´Brian
Regie: Robert van Ackeren
Inhalt: Die Ausländerin Gabi versucht durch eine mögliche Heirat ihre Ausweisung zu verhindern

Die bitteren Tränen der Petra von Kant (1971)
Filmdauer: 119 Min.
Darsteller: Margit Carstensen, Hanna Schygulla, Irm Hermann
Regie: Rainer Werner Fassbinder
Inhalt: Der Film erzählt die Geschichte einer lesbischen Liebe

Händler der vier Jahreszeiten (1971)
Filmdauer: 85 Min.
Darsteller: Hans Hirschmüller, Irm Hermann, Hanna Schygulla, Klaus Löwitsch, Rainer Werner Fassbinder
Regie: Rainer Werner Fassbinder
Inhalt: Der Obsthändler Hans Epp scheitert am Erwerbsstreben seiner Mitmenschen

Einer von uns beiden (1973)

Filmdauer: 101 Min.
Darsteller: Jürgen Prochnow, Klaus Schwarzkopf
Regie: Wolfgang Petersen
Inhalt: Ein gescheiterter Student erpreßt einen Uni-Professor, der seinen Doktortitel erschlichen hat

Die verlorene Ehre der Katharina Blum (1975)

Filmdauer: 102 Min.
Darsteller: Angela Winkler, Mario Adorf, Heinz Bennent
Regie: Volker Schlöndorff
Inhalt: Die Liebe zwischen Katharina Blum und dem mutmaßlichen Terroristen Ludwig Götten endet in einer Verleumdungskampagne gegen Katharina. Sie wird einer "Terroristenbraut" bezichtigt

Stroszek (1976)

Filmdauer: 104 Min.
Darsteller: Bruno S., Eva Mattes
Regie: Werner Herzog
Inhalt: Der Stadtstreicher Stroszek und die Hure Eva wollen in Amerika ein neues Leben beginnen

Die Blechtrommel (1979)

 Filmdauer: 135 Min.
Darsteller: David Bennent, Mario Adorf, Angela Winkler, Daniel Olbrychski, Katharina Thalbach, Berta Drews
Regie: Volker Schlöndorff
Inhalt: Oskar, der sich weigert zu wachsen, tyrannisiert mit seiner Blechtrommel die Erwachsenen

Henry Angst (1979)

Filmdauer: 97 Min.
Darsteller: Klaus Hoffmann, Daphne Moore,
Regie: Ingo Kratisch
Inhalt: Der Versicherungskaufmann Henry lernt die verheiratete Rita kennen und fährt mit ihr ans Meer

Die Ehe der Maria Braun (1979)
Filmdauer: 115 Min.
Darsteller: Klaus Löwitsch, Hanna Schygulla
Regie: Rainer Werner Fassbinder
Inhalt: Maria Braun verliebt sich in den GI Bill. Als ihr vermißter Mann Hermann aus dem Krieg zurückkehrt, kommt es zu einem blutigen Drama

Looping (1980)
Filmdauer: 109 Min.
Darsteller: Shelley Winters, Hans-Christian Blech, Sydne Rome
Regie: Walter Bockmayer
Inhalt: Der alternde Schausteller Johnny verliebt sich in die junge Stripperin Tanja

Lili Marleen (1980)
Filmdauer: 116 Min.
Darsteller: Hanna Schygulla, Giancarlo Giannini, Mel Ferrer
Ein Film von Manfred Purzer und Rainer Werner Fassbinder
Inhalt: Die deutsche Sängerin Wilkie liebt einen Juden. Durch Förderung der Nazis wird sie mit dem Lied "Lili Marleen" berühmt

Theo gegen den Rest der Welt (1980)
Filmdauer: 105 Min.
Darsteller: Marius Müller-Westernhagen, Claudia Demarmels
Regie: Peter F. Bringmann
Inhalt: Theos Truck wird geklaut. Eine Odyssee durch halb Europa beginnt

Kopfschuß (1981)
Filmdauer: 81 Min.
Darsteller: Barbara Rudnik, Per Holgher
Regie: Beate Klöckner
Inhalt: Bei der Kartenverkäuferin Annie vermischen sich Phantasie und Realität auf gefährliche Art und Weise.

Fitzcarraldo (1981)
Filmdauer: 152 Min.
Darsteller: Klaus Kinski, Claudia Cardinale

Regie: Werner Herzog

Inhalt: Der Ire Fitzgerald träumt von einem eigenen Opernhaus im Dschungel von Peru

Wir Kinder vom Bahnhof Zoo (1981)

Filmdauer: 125 Min.

Darsteller: Natja Brunckhorst, Thomas Haustein

Regie: Uli Edel

Inhalt: Die 13jährige Christiane F. rutscht in die Drogenszene ab

Die Sehnsucht der Veronika Voss (1982)

Filmdauer: 100 Min.

Darsteller: Rosel Zech, Hilmar Thate, Armin Müller-Stahl

Ein Film von Rainer Werner Fassbinder

Inhalt: Ein ehemaliger Filmstar stürzt in die Bedeutungslosigkeit ab

Rote Liebe (1982)

Filmdauer: 80 Min.

Darsteller: Sascha Hammer, Mark Eins

Regie: Rosa von Praunheim

Inhalt: Der Film beschreibt die tragische Liebesgeschichte der russischen Frauenrechtlerin Wassilissa

Utopia (1983)

Filmdauer: 185 Min.

Darsteller: Imke Barnstedt, Manfred Zapatka

Ein Film von Sohrab Shahid Saless

Inhalt: Fünf Prostituierte entledigen sich ihres Zuhälters durch einen Tyrannenmord

Ein Mann meiner Größe (1983)

Filmdauer: 88 Min.

Darsteller: Lieselotte Christian, Thierry Lhermitte

Regie: Annette Carducci

Inhalt: Die großgewachsene Sprachstudentin Victoire sucht einen Mann ihrer Größe

Die flambierte Frau (1983)

Filmdauer: 101 Min.

Darsteller: Gudrun Landgrebe, Mathieu Carrière, Hanns Zischler

Regie: Robert van Ackeren

Inhalt: Eva und Chris sind ein Paar. Sie verdienen ihr Geld so lange im Rotlichtmilieu, bis Eifersucht ins Spiel kommt

Bolero (1983)

Filmdauer: 99 Min.

Darsteller: Katja Rupé, Michael König

Ein Film von Rüdiger und Monika Nüchtern

Inhalt: Eifersuchtsszenen einer Künstlerehe

Eine Liebe in Deutschland (1983)

Filmdauer: 96 Min.

Darsteller: Hanna Schygulla, Piotr Lysak, Armin Müller-Stahl, Bernhard Wikki, Elisabeth Trissenaar

Ein Film von Andrzej Wajda

Inhalt: Ein polnischer Zwangsarbeiter hat ein Verhältnis mit einer Deutschen. Beide bekommen massive Probleme

Baby (1984)

Filmdauer: 110 Min.

Darsteller: Udo Seidler, Reinhard Seeger, Volkmar Richter

Ein Film von Uwe Friessner

Inhalt: Baby unternimmt mit Freunden Raubzüge. Er erschießt einen Wachmann

Warten auf Beethoven (1984)

Filmdauer: 86 Min.

Darsteller: George Byrd, Jane Palmer

Regie: Anthony Page

Inhalt: Der Film erzählt die Liebe zwischen einer angehenden Tierärztin und einem Schriftsteller

Bittere Ernte (1984)

Filmdauer: 100 Min.

Darsteller: Armin Müller-Stahl, Elisabeth Trissenaar
Regie: Agnieszka Holland
Inhalt: Der Bauer Leon versteckt während des 2. Weltkriegs die Jüdin Rosa vor den Nazis

Rote Küsse (1985)
Filmdauer: 103 Min.
Darsteller: Charlotte Valendrey, Lambert Wilson
Regie: Vera Belmont
Inhalt: Die 15jährige linientreue Kommunistin Nadia verliebt sich in den Bürgerlichen Stéphane

Männer (1985)
Filmdauer: 95 Min.
Darsteller: Heiner Lauterbach, Uwe Ochsenknecht, Ulrike Kriener
Ein Film von Doris Dörrie
Inhalt: Verwechslungskomödie um zwei grundverschiedene Typen

Die zwei Gesichter des Januar (1986)
Filmdauer: 109 Min.
Darsteller: Thomas Schücke, Charles Brauer, Yolande Gilot
Regie: Wolfgang Storch
Inhalt: Film um ein tödliches Spiel nach einem Roman von Patricia Highsmith

Des Teufels Paradies (1986)
Filmdauer: 90 Min.
Darsteller: Jürgen Prochnow, Sam Waterson, Dominique Pinon, Suzanne Hamilton, Mario Adorf
Regie: Vadim Glowna
Inhalt: Aussteiger Escher erlebt heiße Abenteuer in der Südsee

Paradies (1986)
Filmdauer: 102 Min.
Darsteller: Heiner Lauterbach, Katharina Thalbach, Sunnyi Melles
Regie: Doris Dörrie
Inhalt: Lotte fasziniert den Zoologieprofessor Viktor

Der Joker (1986)

Filmdauer: 94 Min.
Darsteller: Peter Maffay, Tahnee Welch, Michael York, Armin Müller-Stahl
Regie: Peter Patzak
Inhalt: Peter Maffay in der Rolle des Kriminalkommissars Jan Bogdan, der dreifachen Mord aufzuklären hat

Cobra Verde (1987)

Filmdauer: 106 Min.
Darsteller: Klaus Kinski, Peter Berling
Regie: Werner Herzog
Inhalt: Der Vagabund Cobra Verde versucht, Afrika zu erobern

Die Venusfalle (1987)

Filmdauer: 97 Min.
Darsteller: Sonja Kirchberger, Myriem Roussel, Horst-Günther Marx, Hanns Zischler
Regie: Robert van Ackeren
Inhalt: Max, ein 30jähriger Arzt, steht zwischen zwei Frauen

Blauäugig (1988)

Filmdauer: 85 Min.
Darsteller: Götz George, Martin Korinek
Regie: Reinhard Hauff
Inhalt: Ein Film über die Wandlung eines Waffenhändlers zum Regime-Gegner

Anna – Der Film (1988)

Filmdauer: 92 Min.
Darsteller: Silvia Seidel, Patrick Bach
Regie: Frank Strecker
Inhalt: Die Tänzerin Anna bekommt zusammen mit ihrem Freund David die Möglichkeit, in der Münchner Oper aufzutreten

Brennendes Geheimnis (1988)

Filmdauer: 102 Min.
Darsteller: Klaus Maria Brandauer, Faye Dunaway

Regie: Andrew Birkin

Inhalt: Ein 12jähriger Junge versucht, sich in der Erwachsenenwelt zurecht-
zufinden

Killing Blue (1988)

Filmdauer: 93 Min.

Darsteller: Armin Müller-Stahl, Morgan Fairchild

Regie: Peter Patzak

Inhalt: Großstadtkrimi mit zwei weltbekannten Schauspielern

Ein verhexter Sommer (1988)

Filmdauer: 75 Min.

Darsteller: Günther Maria Halmer, Fabian Harloff, Hark Bohm, Catherine
Punch

Regie: Klaus Lemke

Inhalt: Der Elektronik-Unternehmer Christoph verlangt von seinem Sohn
das Abitur. Er reißt nach Irland aus und schlägt sich dort mit seiner Freundin
Kate durch

Der Kuß des Tigers (1988)

Filmdauer: 99 Min.

Darsteller: Beate Jensen, Stéphane Ferrara

Regie: Petra Haffter

Inhalt: Ein deutsches Au-pair-Mädchen verliebt sich in Paris in einen Frauenmörder

Verbotene Liebe (1989)

Filmdauer: 86 Min.

Darsteller: Julia Brendler, Hans-Peter Dahm

Regie: Helmut Dziuba

Inhalt: Der 18jährige Georg schläft mit der 13jährigen Barbara und wird wegen Verführung Minderjähriger angezeigt

Das serbische Mädchen (1990)

Filmdauer: 89 Min.

Darsteller: Mirjana Jokovic, Ben Becker

Regie: Peter Sehr

Inhalt: Die 18jährige Dobrila besucht ihren Freund in Deutschland und erlebt Unerfreuliches

Lebewohl, Fremde (1990)
Filmdauer: 98 Min.
Darsteller: Grazyna Szapolowska, Müsfik Kenter
Regie: Tevfik Baser
Inhalt: Der türkische Asylant Deniz und die Fotografin Karin verlieben sich ineinander. Sie versteckt ihn in ihrem Haus, die Behörden sind ihm jedoch auf der Spur

Spieler (1990)
Filmdauer: 106 Min.
Darsteller: Peter Lohmeyer, Anica Dobra
Regie: Dominik Graf
Inhalt: Eine Zockergeschichte der makabren Art

Herzlich Willkommen (1990)
Filmdauer: 84 Min.
Darsteller: Uwe Bohm, Barbara Auer
Drehbuch: Hark Bohm
Inhalt: Friedrich kehrt nach einer langen DDR-Haftzeit in den Westen zurück. Er stößt bei seinem Versuch, sich beruflich wiedereinzugliedern, auf Ablehnung. Bis sich zwischen ihm und Elke, seiner Vorgesetzten, eine zarte Zuneigung entwickelt

FRANZÖSISCHE SPIELFILME (1958-1990):

Christine (1958)
Filmdauer: 97 Min.
Darsteller: Romy Schneider, Alain Delon
Regie: Pierre Gaspard-Huit
Inhalt: Liebestragödie im alten Wien zu Beginn des 20. Jahrhunderts

Ein Weib wie der Satan (1958)
Filmdauer: 90 Min.
Darsteller: Brigitte Bardot, Antonio Vilar
Regie: Julien Duvivier
Inhalt: In den heißen Nächten des Volksfestes von Sevilla verfällt der Stier-züchter Don Matéo der schönen Fremden Eva

Nur die Sonne war Zeuge (1959)
Filmdauer: 116 Min.
Darsteller: Alain Delon, Maurice Ronet, Marie Laforêt
Regie: René Clément
Inhalt: Tom Ripley ermordet den Millionärssohn Philippe und übernimmt dessen Identität

Außer Atem (1959)
Filmdauer: 86 Min.
Darsteller: Jean Seberg, Jean-Paul Belmondo
Regie: Jean-Luc Godard
Inhalt: Der Autodieb Michel erschießt in Marseille einen Polizisten. Er findet in Paris bei der amerikanischen Studentin Patricia Unterschlupf

Privatleben (1961)
Filmdauer: 90 Min.
Darsteller: Brigitte Bardot, Marcello Mastroianni
Regie: Louis Malle

Inhalt: Das Fotomodell Jill wird für den Film entdeckt und avanciert zum Massenidol

Lautlos wie die Nacht (1962)
Filmdauer: 103 Min.
Darsteller: Jean Gabin, Alain Delon
Regie: Henri Verneuil
Inhalt: Ein Film über den letzten Coup eines alternden Gangsters

Wie Raubkatzen (1963)
Filmdauer: 93 Min.
Darsteller: Alain Delon, Jane Fonda
Regie: René Clément
Inhalt: Zwei eiskalte Frauen machen dem Gauner Marc den Garaus

Die Verachtung (1963)
Filmdauer: 100 Min.
Darsteller: Brigitte Bardot, Michel Piccoli
Regie: Jean-Luc Godard
Inhalt: Ein Film über die Dreharbeiten zur Verfilmung von Homers "Odyssee"

Die Hölle von Algier (1964)
Filmdauer: 97 Min.
Darsteller: Alain Delon, Lea Massari
Regie: Alain Cavalier
Inhalt: Fremdenlegionär Thomas entführt eine französische Anwältin und verliebt sich in sie

Viva Maria (1965)
Filmdauer: 112 Min.
Darsteller: Jeanne Moreau, Brigitte Bardot
Regie: Louis Malle
Inhalt: Zwei Schönheiten befinden sich mitten in den Revolutionswirren einer Bananenrepublik

Die Abenteurer (1966)

Filmdauer: 108 Min.
Darsteller: Lino Ventura, Alain Delon
Regie: Robert Enrico
Inhalt: Dieser Film handelt von einer dramatischen Schatzsuche vor der afrikanischen Küste

Casanova 70 (1966)

Filmdauer: 108 Min.
Darsteller: Marcello Mastroianni, Virna Lisi, Michèle Mercier, Marisa Mell
Regie: Mario Monicelli
Inhalt: Ein italienischer NATO-Major als Frauenschwarm

Belle de Jour – Schöne des Tages (1966)

Filmdauer: 96 Min.
Darsteller: Catherine Deneuve, Michel Piccoli
Regie: Luis Bunuel
Inhalt: Eine scheinbar glücklich verheiratete Frau fängt damit an, heimlich in einem Bordell zu arbeiten

Der eiskalte Engel (1967)

Filmdauer: 89 Min.
Darsteller: Alain Delon, Nathalie Delon, Francois Perrier
Regie: Jean-Pierre Melville
Inhalt: Der Killer Jeff Costello erschießt in Paris einen Nachtclubbesitzer. Eine Zeugin verschafft ihm ein Alibi. Costellos Auftraggeber wollen ihn dennoch loswerden

Das Leben, die Liebe, der Tod (1968)

Filmdauer: 112 Min.
Darsteller: Amidou, Caroline Cellier
Inhalt: Ein Prostituiertenmörder wird zum Tode verurteilt

Der Schlachter (1969)

Filmdauer: 89 Min.
Darsteller: Jean Yanne, Stéphane Audran
Regie: Claude Chabrol

Inhalt: Ein Frauenmörder versucht, bei einer zurückgezogen lebenden Lehrerin Verständnis zu finden

Oh, diese Frauen (1969)

Filmdauer: 95 Min.
Darsteller: Brigitte Bardot, Maurice Ronet
Regie: Jean Aurel
Inhalt: Der Boulevard-Schriftsteller und Frauenheld Jérôme glaubt, in der kurvenreichen Sekretärin Clara sein Glück gefunden zu haben

Der Clan der Sizilianer (1969)

Filmdauer: 116 Min.
Darsteller: Jean Gabin, Alain Delon, Lino Ventura
Regie: Henri Verneuil
Inhalt: Ein Kommissar will zwei gerissene Gangster zur Strecke bringen

Das Geheimnis der falschen Braut (1969)

Filmdauer: 117 Min.
Darsteller: Jean-Paul Belmondo, Cathérine Deneuve
Regie: Francois Truffaut
Inhalt: Ein Zigarettenfabrikant wird von einer Animierdame, die er per Annonce kennengelernt hat, und für seine Verlobte hält, hereingelegt

Die Katze (1970)

Filmdauer: 84 Min.
Darsteller: Jean Gabin, Simone Signoret
Regie: Pierre Granier-Deferre
Inhalt: Ein altes und verbittertes Ehepaar macht sich gegenseitig das Leben zur Hölle

Drei auf der Flucht (1970)

Filmdauer: 110 Min.
Darsteller: Marlène Jobert, Michele Piccoli, Michael York
Regie: Philippe de Broca
Inhalt: Wüstenodyssee dreier Menschen unterschiedlicher Herkunft

Der Bär und die Puppe (1970)

Filmdauer: 86 Min.
Darsteller: Brigitte Bardot, Jean-Pierre Cassel
Regie: Michel Deville
Inhalt: Ein Cellist und eine Jet-Set-Schöne lernen sich kennen und über Umwege lieben

Die Rum-Straße (1971)

Filmdauer: 120 Min.
Darsteller: Brigitte Bardot, Lino Ventura
Regie: Roberto Enrico
Inhalt: Ein tapsiger Schmuggler lernt den Filmstar Linda kennen

Der Chef (1972)

Filmdauer: 96 Min.
Darsteller: Alain Delon, Cathérine Deneuve
Regie: Jean-Pierre Cassel
Inhalt: Kommissar Coleman versucht einen Pariser Nachtclubbesitzer des Verbrechens zu überführen

Durch Paris mit Ach und Krach (1972)

Filmdauer: 89 Min.
Darsteller: Marthe Keller, Jacques Higelin
Regie: Gérard Pirès
Inhalt: Für das frisch verheiratete Ehepaar Marlène und Bernard zerplatzt der Traum vom Eheglück schnell

Brutale Schatten (1972)

Filmdauer: 100 Min.
Darsteller: Jean-Louis Trintignant, Ann-Margret
Regie: Jacques Deray
Inhalt: Gnadenloser Zweikampf zweier Killer auf Leben und Tod

Der Mann aus Marseille (1972)

Filmdauer: 102 Min.
Darsteller: Jean-Paul Belmondo, Claudia Cardinale
Regie: José Giovanni

Inhalt: Roberto Borgo und sein Freund Xavier landen im Knast und wollen durch ein Himmelfahrtskommando freikommen

Das große Fressen (1973)

Filmdauer: 123 Min.

Darsteller: Marcello Mastroianni, Michel Piccoli, Ugo Tognazzi, Philippe Noiret

Regie: Marco Ferreri

Inhalt: Vier Wohlstandsbürger beschließen, ihrem Leben durch Sex und Völlerei ein Ende zu bereiten

Der Mafioso (1973)

Filmdauer: 82 Min.

Darsteller: Jacques Dutronc, Mireille Darc

Rgeie: Claude Vital

Inhalt: Eine Persiflage auf Mafia-Filme und französisches Kleinbürgertum

Je t'aime (1975)

Filmdauer: 90 Min.

Darsteller: Jane Birkin, Gérard Depardieu, Joe Dallesandro

Regie: Serge Gainsbourg

Inhalt: Romanze zwischen einer Serviererin und einem Müllfahrer

Der Greifer (1975)

Filmdauer: 96 Min.

Darsteller: Jean-Paul Belmondo, Bruno Cremer

Regie: Philippe Labro

Inhalt: Der "Greifer" als Kämpfer gegen die Unterwelt

Ein Hauch von Zärtlichkeit (1976)

Filmdauer: 95 Min.

Darsteller: Cathérine Deneuve, Anouk Aimée, Jean-Jacques Briot

Regie: Claude Lelouch

Inhalt: Nach langer Haft lernt die ehemalige Bankangestellte Catherine Berger ihren heranwachsenden Sohn kennen

Mann im Teufelskreis (1977)
Filmdauer: 87 Min.
Darsteller: Alain Delon, Mireille Darc
Regie: Edouard Molinaro
Inhalt: Ein besessener Kunsthändler hat keine Zeit für sich und die Liebe

Ein irrer Typ (1977)
Filmdauer: 96 Min.
Darsteller: Jean-Paul Belmondo, Raquel Welch
Regie: Claude Zidi
Inhalt: Stuntman Mike versucht mit allen Tricks, seine Partnerin Jane von sich zu überzeugen

Der Fall Serrano (1977)
Filmdauer: 119 Min.
Darsteller: Alain Delon, Ornella Muti, Stéphane Audran, Klaus Kinski, Maurice Ronet, Mireille Darc
Regie: Georges Lautner
Inhalt: Ein Abgeordneter erschlägt einen Erpresser und wird selbst zum Opfer

Der Loulou (1979)
Filmdauer: 101 Min.
Darsteller: Isabelle Huppert, Gérard Depardieu
Regie: Maurice Pialat
Inhalt: Nelly, eine junge Frau, findet beim Gelegenheitsarbeiter Loulou vorübergehend, was sie lange entbehrt hat. Liebe und Zärtlichkeit

La Boum –Die Superfete- (1980)
Filmdauer: 105 Min.
Darsteller: Sophie Marceau, Brigitte Fossey, Claude Brasseur
Regie: Claude Pinoteau
Inhalt: Die 13jährige Zahnarzttochter Vic feiert ihre erste Party mit Jungs

Flucht nach Varennes (1982)
Filmdauer: 119 Min.
Darsteller: Marcello Mastroianni, Jean-Louis Barrault, Harvey Keitel, Jean-Louis Trintignant, Jean-Claude Brialy, Hanna Schygulla, Andréa Ferreol
Regie: Ettore Scola
Inhalt: Eine illustre Gesellschaft folgt in einer Kutsche den aus Paris fliehenden Ludwig XVI. und Marie Antoinette

La Boum II (1982)
Filmdauer: 103 Min.
Darsteller: Brigitte Fossey, Claude Brasseur, Sophie Marceau, Pierre Cosso
Regie: Claude Pinoteau
Inhalt: Die Fete geht weiter. La fête continue

Hecate -Worte kommen meist zu spät- (1982)
Filmdauer: 102 Min.
Darsteller: Bernard Giraudeau, Lauren Hutton
Regie: Daniel Schmid
Inhalt: Der Diplomat Julien Rochelle beginnt im Marokko der 30er Jahre eine Liebesaffäre mit der verheirateten Clothilde

Der Rammbock (1982)
Filmdauer: 100 Min.
Darsteller: Lino Ventura, Claudia Cardinale
Regie: Jose Giovanni
Inhalt: Rennfahrer Aldo schuftet in Kanada als Goldgräber, um die Operation seines gelähmten Freundes zu finanzieren. Dabei begegnet er einer attraktiven Baronin

Die Fantome des Hutmachers (1982)
Filmdauer: 118 Min.
Darsteller: Michel Serrault, Charles Aznavour
Regie: Claude Chabrol
Inhalt: Der Hutmacher Labbé bringt seine Ehefrau und deren Freundinnen um. Der Schneider Kachoudas weiß Bescheid, sagt aber zunächst nichts

Die Spaziergängerin von Sans-Souci (1982)

Filmdauer: 105 Min.

Darsteller: Romy Schneider, Michel Piccoli, Mathieu Carrière, Helmut Griem, Maria Schell

Regie: Jacques Rouffio

Inhalt: Romy Schneiders letzter Film, in dem sie eine Doppelrolle spielt

Der Buschpilot (1983)

Filmdauer: 94 Min.

Darsteller: Cathérine Deneuve, Philippe Noiret

Regie: Philippe de Broca

Inhalt: Abenteuerliche Liebesgeschichte im Busch von Afrika

Der Spitzel (1983)

Filmdauer: 92 Min.

Darsteller: Daniel Auteuil, Thierry Lhermitte

Regie: Serge Leroy

Inhalt: Ein arbeitsloses Kindermädchen verliebt sich in einen Ganoven und wird als Lockvogel benutzt

Am Rande der Nacht (1983)

Filmdauer: 90 Min.

Darsteller: Coluche, Agnes Soral

Regie: Claude Berri

Inhalt: Lambert, Tankwart in einem heruntergekommenen Pariser Vorortviertel, spürt mit Hilfe der Punkerin Lola den Mörder eines Freundes auf

Kleiner Spinner (1983)

Filmdauer: 87 Min.

Darsteller: Bernard Brieux, Souad Amidou, Guy Marchand, Daniel Auteuil

Regie: Gérard Lauzier

Inhalt: Michel Choupon, ein frustrierter 18jähriger, verliebt sich in die ein paar Jahre ältere Algerierin Salima. Als ihr Freund aus dem Knast kommt, endet die Romanze kläglich

Fröhliche Ostern (1984)

Filmdauer: 105 Min.

Darsteller: Jean-Paul Belmondo, Sophie Marceau, Marie Lafôret

Regie: Georges Lautner

Inhalt: Der Baulöwe Stephane gibt seine außereheliche Errungenschaft Julie vor seiner Ehefrau als unehelichen Tochter aus

Der Tee im Harem des Archimedes (1984)

Filmdauer: 106 Min.

Darsteller: Rémi Martin, Kader Boukhanef

Regie: Meheli Charef

Inhalt: Zwei Pariser Halbwüchsige holen sich auf ihren kriminellen Streifzügen, was sie vom Leben nicht bekommen

Die öffentliche Frau (1984)

Filmdauer: 110 Min.

Darsteller: Lambert Wilson, Valérie Kaprisky

Regie: Andrzej Zulawski

Inhalt: Ethel, Foto- und Aktmodell in Paris, erhält die Chance ihres Lebens. Sie soll die Hauptrolle im Dostojewski-Film "Die Dämonen" spielen

Gefahr im Verzug (1984)

Filmdauer: 97 Min.

Darsteller: Christophe Malavoy, Nicole Garcia, Michel Piccoli, Anemone

Regie: Michel Deville

Inhalt: Ein Gitarrenlehrer gerät in einer Industriellenfamilie in große Gefahr

Subway (1985)

Filmdauer: 89 Min.

Darsteller: Christophe Lambert, Isabelle Adjani

Regie: Luc Besson

Inhalt: Fred und Helena werden von der Polizei und von Helenas Ehemann durch die Pariser Unterwelt gejagt

Die Frau meines Lebens (1986)

Filmdauer: 98 Min.

Darsteller: Christophe Malavoy, Jean-Louis Trintignant, Jane Birkin

Regie: Régis Wargnier
Inhalt: Die Geschichte eines alkoholkranken Geigers

Melo (1986)
Filmdauer: 105 Min.
Darsteller: Sabine Azema, Pierre Arditi
Regie: Alan Resnais
Inhalt: Eine Frau kann sich nicht zwischen zwei Männern entscheiden und gerät in eine ausweglose Situation

Blues Cop (1986)
Filmdauer: 96 Min.
Darsteller: Richard Anconina, Ambre
Regie: Alain Cornedu
Inhalt: Der Polizist Willie kämpft um eine saubere Weste und glaubt, in der Prostituierten Jo eine Verbündete gefunden zu haben

Auf Wiedersehen Kinder (1986)
Filmdauer: 100 Min.
Darsteller: Gaspard Manesse, Raphael Fetjö
Regie: Louis Malle
Inhalt: Internats-Geschichte aus dem Zweiten Weltkrieg

Lebenswut (1986)
Filmdauer: 87 Min.
Darsteller: Wadeck Stanczak, Ann-Gisel Glass
Regie: Olivier Assayas
Inhalt: Eine von der Polizei unentdeckte Tat zerstört die Freundschaft dreier Rockmusiker

Der Schrei der Eule (1987)
Filmdauer: 104 Min.
Darsteller: Christophe Malavoy, Mathilda May
Regie: Claude Chabrol
Inhalt: Geschichte um zwei Paare, die jeweils voneinander getrennt sind, und in neuer Kombination aus Rache und Eifersucht gegeneinander intrigieren

Die Zeit mit Julien (1987)

Filmdauer: 76 Min.

Darsteller: Jane Birkin, Mathieu Demy, Charlotte Gainsbourg

Regie: Agnès Varda

Inhalt: Eine 40jährige Pariserin verliebt sich in einen 15jährigen Jungen

Die kleine Diebin (1988)

Filmdauer: 105 Min.

Darsteller: Charlotte Gainsbourg, Didier Bezace, Simon de la Brosse

Regie: Claude Miller

Inhalt: Die 16jährige Janine stiehlt als Hausmädchen in einer Großstadt wie ein Rabe

Camille Claudel (1988)

Filmdauer: 166 Min.

Darsteller: Isabelle Huppert, Gérard Depardieu

Regie: Bruno Nuytten

Inhalt: Die tragische Liebesgeschichte einer verkannten Künstlerin

Weiße Hochzeit (1989)

Filmdauer: 88 Min.

Darsteller: Vanessa Paradis, Bruno Cremer

Regie: Jean-Claude Brisseau

Inhalt: Francois Hainaut, Philosophie-Lehrer, hat eine Liaison mit seiner Schülerin Mathilde

Nikita (1989)

Filmdauer: 112 Min.

Darsteller: Anne Parillaud, Jean-Hugues Anglade

Regie: Luc Besson

Inhalt: Nikita wird nach einer Gehirnwäsche von der Geheimpolizei als willenlose Mörderin benutzt

Die Hure des Königs (1990)

Filmdauer: 125 Min.

Darsteller: Timothy Dalton, Valeria Golino

Regie: Axel Corti

Inhalt: Jeanne, Tochter eines verarmten Herzogs, rächt sich im Paris des ausgehenden 17.Jhd. an zwei Männern

Der Mann der Friseuse (1990)

Filmdauer: 75 Min.

Darsteller: Jean Rochefort, Anna Galiena

Regie: Patrice Leconte

Inhalt: Antoine verliebt sich in die Friseuse Mathilde. Sie scheint seine Traumfrau zu sein

ITALIENISCHE FILME (1953-1988):

Von der Welt verdammt (1953)
Filmdauer: 91 Min.
Darsteller: Alida Valli, Amadeo Nazzari
Regie: Gianni Franciolini
Inhalt: Der Ingenieur Paolo rettet die Prostituierte Renata vor dem Freitod und verliebt sich in sie

Das süße Leben (1959)
Filmdauer: 166 Min.
Darsteller: Marcello Mastroianni, Anita Ekberg, Anouk Aimée, Lex Barker
Regie: Federico Fellini
Inhalt: Der Reporter Marcello Rubini tummelt sich in der römischen High-Society

Accatone −Wer nie sein Brot mit Tränen aß (1961)
Filmdauer: 111 Min.
Darsteller: Franco Citti, Silvana Corsini
Regie: Pier Paolo Pasolini
Inhalt: Der junge Zuhälter Accatone will einen Neuanfang wagen

Boccacio 70 (1961)
Filmdauer: 125 Min.
Darsteller: Anita Ekberg, Romy Schneider, Sophia Loren
Regie: Federico Fellini, Luchino Visconti
Inhalt: Eine schöne Werbefee steigt vom Werbeplakat herab

Tiger der Meere (1962)
Filmdauer: 85 Min.
Darsteller: Anthony Steel, Gianna Maria Canale
Regie: Luigi Capuano
Inhalt: Ein Fechtkampf soll über das Erbe des gealterten Seeräubers "Tiger" entscheiden

Der Leopard (1962)

Filmdauer: 180 Min.
Darsteller: Burt Lancaster, Alain Delon, Claudia Cardinale
Regie: Luchino Visconti
Inhalt: Der Adlige Don Fabrizio befürchtet den Untergang seiner Aristokratenherrschaft

Gestern, heute und morgen (1963)

Filmdauer: 114 Min.
Darsteller: Marcello Mastroianni, Sophia Loren
Regie: Vittorio De Sica
Inhalt: Drei Geschichten in Episodenform von der Liebe

Gemini 13 – Todesstrahlen auf Kap Canaveral (1966)

Filmdauer: 91 Min.
Darsteller: Anthony Eisley, Ursula Parker
Regie: Anthony Dawson
Inhalt: Agentenfilm um einen Raumfahrtexperten

Zwei glorreiche Halunken (1966)

Filmdauer: 141 Min.
Darsteller: Clint Eastwood, Lee van Cleef, Eli Wallach
Regie: Sergio Leone
Inhalt: Makabres Spiel zweier Halunken um Kopfgeld

Der Duft deiner Haut (1968)

Filmdauer: 85 Min.
Darsteller: Marcello Mastroianni, Faye Dunaway
Regie: Vittorio De Sica
Inhalt: Die Geschichte einer tragischen Liebe zwischen der Amerikanerin Julia und dem Italiener Valerio

Teorema – Geometrie der Liebe (1968)

Filmdauer: 94 Min.
Darsteller: Terence Stamp, Massimo Girotti, Silvana Mangano
Regie: Pier Paolo Pasolini

Inhalt: Ein geheimnisvoller Gast verführt sämtliche Mitglieder einer Mailänder Fabrikantenfamilie

Ein heißer November (1968)
Filmdauer: 87 Min.
Darsteller: Gina Lollobrigida, Paolo Turco
Regie: Mauro Bolognini
Inhalt: Der 17jährige Nino verbringt mit seiner hübschen Tante eine Nacht. Was für ihn viel bedeutet ist für sie lediglich ein Abenteuer

Sabata (1969)
Filmdauer: 105 Min.
Darsteller: Lee van Cleef, William Berger
Inhalt: Sabata erpreßt Banditen und wird zur Zielscheibe von Killern

Tod in Venedig (1970)
Filmdauer: 125 Min.
Darsteller: Dirk Bogarde, Björn Andresen, Silvana Mangano
Regie: Luchino Visconti
Inhalt: Venedig 1911: Der alternde Komponist Gustav von Aschenbach verfällt der Sinnlichkeit des schönen Knaben Tadzio

Bittere Liebe (1974)
Filmdauer: 103 Min.
Darsteller: Lisa Gastoni, Leonard Mann
Regie: Florestano Vancini
Inhalt: Die Geschichte einer Leidenschaft ohne Zukunft im faschistischen Italien

Die Puppe des Gangsters (1974)
Filmdauer: 94 Min.
Darsteller: Sophia Loren, Marcello Mastroianni, Pierre Brice
Regie: Georgio Capitani
Inhalt: Der rabiate Zuhälterboß Charlie holt die Prostituierte Pupa vom Straßenstrich

1900 Teil 1 und 2 (1975/76)

Filmdauer: 155 Min. bzw. 148 Min.
Darsteller: Burt Lancaster, Robert De Niro, Gérard Depardieu, Dominique Sanda
Regie: Bernardo Bertolucci
Inhalt: Die dramatische Geschichte zweier Freunde im faschistischen Italien

Das rote Zimmer (1977)

Filmdauer: 96 Min.
Darsteller: Ugo Tognazzi, Ornella Muti, Patrick Dewaere
Regie: Dino Risi
Inhalt: Marco lernt Herrn Orimbelli kennen. Der scheint Böses im Schilde zu führen

Fellinis Stadt der Frauen (1979)

Filmdauer: 134 Min.
Darsteller: Marcello Mastroianni, Ettore Manni
Regie: Federico Fellini
Inhalt: Ein phantastischer Bilderreigen durch die Welt der Erotik

Asso (1981)

Filmdauer: 86 Min.
Darsteller: Adriano Celentano, Edwige Fenech, Sylva Koscina
Regie: Franco Castellano
Inhalt: Komödie um einen unbesiegbaren Zocker

Die nackte Frau (1981)

Filmdauer: 99 Min.
Darsteller: Nino Manfredi, Eleonora Giorgi
Regie: Nino Manfredi
Inhalt: Ehekomödie mit viel versteckter Erotik

Ator – Herr des Feuers (1982)

Filmdauer: 94 Min.
Darsteller: Miles O'Keefe, Sabrina Siani
Regie: David Hills
Inhalt: Ator, Sohn des Gottes Thor, soll die Dynastie der Spinnen stürzen

Besonderes Kennzeichen: Bellissimo (1983)

Filmdauer: 87 Min.

Darsteller: Adriano Celentano, Federica Moro

Regie: Franco Castellano, Pipolo

Inhalt: Mattia, Autor und Junggeselle, kann sich vor hübschen Römerinnen kaum retten

Camorra (1985)

Filmdauer: 115 Min.

Darsteller: Harvey Keitel, Angela Molina

Regie: Lina Wertmüller

Inhalt: Annunziata kämpft zusammen mit den Müttern Neapels gegen die Drogenbosse

Schwarze Augen (1986)

Filmdauer: 113 Min.

Darsteller: Marcello Mastroianni, Silvana Mangano

Regie: Nikita Michalkov

Inhalt: Der Charmeur Romano wirbt um eine bezaubernde Russin

Die Geschichte einer Liebe (1986)

Filmdauer: 105 Min.

Darsteller: Valeria Golino, Blas Roca-Rey, Livio Panieri

Regie: Francesco Maselli

Inhalt: Ein junges Mädchen boxt sich in den Slums von Rom durch

Heiß, scharf und knusprig (1986)

Filmdauer: 85 Min.

Darsteller: Enzo Braschi, Susanna Messaggio

Regie: Lodovico Gasparini

Inhalt: Betty, Kellnerin in einem Fast-Food-Restaurant, möchte zum Film

Entscheidung in Cartagena (1986)

Filmdauer: 90 Min.

Darsteller: Barbara de Rossi, Franco Nero

Regie: Tommaso Dazzi

Inhalt: Die Erbschaft einer Diamantenmine in Kolumbien bringt Vanessa in große Schwierigkeiten

Die Partie seines Lebens (1987)

Filmdauer: 100 Min.
Darsteller: Faye Dunaway, Jennifer Beals, Matthew Modine
Regie: Carlo Vanzina
Inhalt: Kostümfilm um Geld oder Liebe zu Beginn des Rokoko

Brummbär (1988)

Filmdauer: 101 Min.
Darsteller: Adriano Celentano, Debra Feuer
Regie: Castellano und Pipolo
Inhalt: Die reizende Mary lernt den Anwalt Tito kennen

Good Morning Babylon (1987)

Filmdauer: 112 Min.
Darsteller: Vincent Spano, Greta Scacchi, Désirée Nosbusch-Becker, Charles Dance
Regie: Vittorio Taviani
Inhalt: Zwei Brüder wandern 1911 nach Amerika aus und suchen dort ihr Glück

Marco Terzi gibt nicht auf (1988)

Filmdauer: 99 Min.
Darsteller: Michele Placido, Maurizio Prollo
Regie: Marco Risi
Inhalt: Der junge Lehrer Marco Terzi läßt sich in eine Jugendvollzugsanstalt versetzen. Dort sind Brutalität und Provokationen an der Tagesordnung

SPIELFILME AUS VERSCHIEDENEN LÄNDERN (1951-1989):

Einen Sommer lang (Schweden 1951)
Filmdauer: 88 Min.
Darsteller: May-Britt Nilssen, Birger Malmsten
Regie: Ingmar Bergman
Inhalt: Geschichte einer tragischen Romanze

Die Zeit mit Monika (Schweden 1952)
Filmdauer: 84 Min.
Darsteller: Harriet Andersson, Lars Ekborg
Regie: Ingmar Bergman
Inhalt: Harry und Monika fahren ans Meer. Dort versuchen sie, ihre Alltagssorgen zu vergessen

Das siebente Siegel (Schweden 1956)
Filmdauer: 93 Min.
Darsteller: Max von Sydow, Bibi Andersson
Regie: Ingmar Bergman
Inhalt: Im 14. Jahrhundert kehrt der Ritter Antonius von einem Kreuzzug nach Schweden zurück. Dort wütet die Pest. Er schlägt dem Sensenmann eine Schachpartie vor

Erste Liebe (Schweiz/Deutschland 1970)
Filmdauer: 86 Min.
Darsteller: John Moulder-Brown, Dominique Sanda, Maximilian Schell
Regie: Maximilian Schell
Inhalt: Der junge Alexander verliebt sich in Sinaida, Tochter eines verarmten adligen Ehepaars

Bruce Lee - Die Faust des Rächers (Hongkong 1972)
Filmdauer: 102 Min.
Darsteller: Bruce Lee, Nora Miao

Regie: Lo Wie
Inhalt: Chen muß den Mord in einer Selbstverteidigungsschule in Shanghai aufklären

Picknick am Valentinstag (Australien 1975)
Filmdauer: 109/128 Min.
Darsteller: Rachel Roberts u.a.
Regie: Peter Weir
Inhalt: Film über einen Schulausflug, bei dem mehrere Mädchen auf mysteriöse Art und Weise verschwinden

Liebe ohne Skrupel (Niederlande 1977)
Filmdauer: 106 Min.
Darsteller: Bibi Andersson, Anthony Perkins
Regie: George Sluizer
Inhalt: Filmdrama um eine lesbische Beziehung

Lust auf Liebe (Kanada 1977)
Filmdauer: 110 Min.
Darsteller: Tom Berenger, Karen Black
Regie: George Kaczender
Inhalt: Ein frühreifer junger Mann scheitert an seiner Sexbesessenheit

Der Magier (Israel/Kanada/Deutschland 1979)
Filmdauer: 110 Min.
Darsteller: Alan Arkin, Valerie Perrine
Regie: Menahem Golan
Inhalt: Die Geschichte eines jüdischen Lebenskünstlers

Fanny und Alexander (Schweden 1982)
Filmdauer: 180 Min.
Darsteller: Ewa Fröling, Jan Malmsjö, Erland Josephson
Regie: Ingmar Bergman
Inhalt: Fanny und Alexander kommen nach dem Tod des Vaters in die Obhut des selbstherrlichen Bischofs Vergerus

Maria Chapdelaine (Kanada 1983)
Filmdauer: 102 Min.
Darsteller: Carole Laure, Nick Mancuso
Regie: Gilles Carle
Inhalt: Die 23jährige Maria Chapdelaine lebt mit ihrer Familie in der Wildnis.
Drei Männer bemühen sich um sie

Fauns allzuspäter Nachmittag (CSSR 1983)
Filmdauer: 109 Min.
Darsteller: Leos Sucharipa, Vlasta Spicnerova
Regie: Vera Chytilova
Inhalt: Faun, ein alternder Verführer, übersieht die Zuneigung seiner Sekre-
tärin

Kalt wie eine Eskimofrau (Ungarn 1983)
Filmdauer: 109 Min.
Darsteller: Marietta Mehes, Boguslaw Linda
Regie: Janos Xantus
Inhalt: Film über eine gefährliche Ehe zu dritt

Gabriela (Brasilien/Italien 1983)
Filmdauer: 95 Min.
Darsteller: Sonja Braga, Marcello Mastroianni
Regie: Bruno Barreto
Inhalt: Eine schöne Mulattin verdreht Männern den Kopf

Versteckt (Deutschland/England 1984)
Filmdauer: 110 Min.
Darsteller: Jacqueline Bisset, Jürgen Prochnow
Regie: Anthony Page
Inhalt: Nina von Helder, angehende Tierärztin, versteckt den jüdischen
Schriftsteller Fritz Friedländer in ihrer Wohnung

Chronik einiger Liebesunfälle (Polen 1985)
Filmdauer: 116 Min.
Darsteller: Pjotr Wawrzynczak, Paulina Mynarska
Regie: Andrzej Wajda

Inhalt: Witek liebt Alina. Ihr Vater wacht über Alinas Tugend mit der Schrotflinte

Müllers Büro (Österreich 1985)
Filmdauer: 100 Min.
Darsteller: Christian Schmidt, Barbara Rudnik
Regie: Niki List
Inhalt: Parodie auf bekannte Detektivfiguren

Der Bienenzüchter (Griechenland/Frankreich/Italien 1986)
Filmdauer: 118 Min.
Darsteller: Marcello Mastroianni, Nadia Mourouzi
Regie: Theo Angelopoulos
Inhalt: Ein alternder Mann zieht sich von seiner Familie zurück und sucht sein letztes Glück bei einer jungen Anhalterin

Der Name der Rose (Deutschland/Italien/Frankreich 1986)
Filmdauer: 123 Min.
Darsteller: Sean Connery, Christian Slater, Helmut Qualtinger, Michael Lonsdale, Valentina Vargas
Regie: Jean-Jacques Annaud
Inhalt: William von Baskerville wird im Jahre 1327 mit einem Novizen in eine Minoriten-Abtei in Norditalien geschickt. Dort soll er mysteriöse Todesfälle aufklären

Der Tonbandfreak (CSSR 1986)
Filmdauer: 75 Min.
Darsteller: Bronislav Kralik
Inhalt: Ein 14jähriger Träumer verliebt sich in das Mädchen Linda. Doch die hat Augen für einen anderen Jungen

Splitter der Erinnerung (Israel 1988)
Filmdauer: 86 Min.
Darsteller: Danny Roth, Polly Reshef
Regie: Yossi Somer

Inhalt: Der Soldat Gary Manor leidet nach schrecklichen Kriegserlebnissen im Libanon unter einem Trauma. Seine Frau Ruthie versucht alles, um ihm zu helfen

Souterrain (Östereich/Deutschland 1988)
Filmdauer: 85 Min.
Darsteller: Claudia Messner, August Schmölzer
Inhalt: Ein junger Mann befindet sich auf der Flucht vor Killern und versteckt sich bei einer Freundin in deren Souterrain-Wohnung

Die Zeit der Rückkehr (Chile 1988)
Filmdauer: 82 Min.
Darsteller: Maria Erica Ramos, Alejandro Cohen
Regie: Leonardo Kocking
Inhalt: Eine chilenische Frau geht durch die Hölle, als ihr Mann von der Militärdiktatur in ein Verbannungslager gebracht wird

Eine Frau namens Lola (1989)
Filmdauer: 91 Min.
Darsteller: Leticia Huijara, Alejandra Vargas
Regie: Maria Novaro
Inhalt: Die junge Mexikanerin Lola muß ihren Lebensunterhalt als Straßenhändlerin verdienen

Im Zeichen der Schlange (Schweden 1989)
Filmdauer: 103 Min.
Darsteller: Marika Lagercrantz, Per Mattsson
Regie: John Lindström
Inhalt: Ein Pharmakologe gerät in den Verdacht, seine Geliebte ermordet zu haben

Der schwarze Engel (Schweiz/Spanien/Belgien/Frankreich 1989)
Filmdauer: 92 Min.
Darsteller: Steven Weber, Belinda Becker
Regie: Jacob Berger
Inhalt: Verhängnisvolle Liebesgeschichte zwischen der Prostituierten Sara und dem Jazztrompeter Rickie

Die Kunst einen Neger zu lieben, ohne müde zu werden (Kanada/ Frankreich 1989)
Filmdauer: 94 Min.
Darsteller: Isaach de Bankolé, Roberta Bizeau, Marie-Josée Gauthier
Regie: Jacques W. Benoit
Inhalt: Der Farbige Alter kommt bei weißen Frauen super an

ENGLISCHE FILME (1950-1989):

Pandora und der fliegende Holländer (1950)
Filmdauer: 118 Min.
Darsteller: Ava Gardner, James Mason
Regie: Albert Lewin
Inhalt: Pandora wird von Männern umschwärmt. Sie ist jedoch unfähig zur Liebe

Flammen über Fernost (1954):
Filmdauer: 97 Min.
Darsteller: Gregory Peck, Win Min Than
Regie: Robert Parrish
Inhalt: Major Forrester verliebt sich gegen Ende des Zweiten Weltkriegs in Birma in die junge Birmanin Anna

Der Weg nach oben (1958)
Filmdauer: 113 Min.
Darsteller: Simone Signoret, Laurence Harvey
Regie: Jack Clayton
Inhalt: Um nach oben zu kommen verführt der ehrgeizige Buchhalter Joe Lampton die einzige Tochter des reichsten Mannes der Stadt

Brennendes Indien (1959)
Filmdauer: 89 Min.
Darsteller: Lauren Bacall, Kenneth Moore
Regie: J. Lee Thompson
Inhalt: In Nordindien toben harte Religionskämpfe. Kishan, 5jähriger Sohn eines Maharadschas, soll ermordet werden

Die Verdammten der Meere (1961)
Filmdauer: 111 Min.
Darsteller: Peter Ustinov, Robert Ryan, Terence Stamp
Regie: Peter Ustinov

Inhalt: Der sadistische Bootsmeister Claggart kommt ums Leben, nachdem er sich mit dem Matrosen Billy geprügelt hat

Begierde an schattigen Tagen (1962)
Filmdauer: 84 Min.
Darsteller: Jane Fonda, Peter Finch, Angela Lansbury
Regie: Robert Stevens
Inhalt: Melodramatische Liebesgeschichte

Der Menschen Hörigkeit (1963)
Filmdauer: 94 Min.
Darsteller: Kim Novak, Laurence Harvey
Regie: Ken Hughes
Inhalt: Der behinderte Medizinstudent Philip Carey lernt die Kellnerin Mildred kennen. Sie benutzt ihn, um sozial aufzusteigen. Als er sie gedemütigt verläßt, beginnt ihr sozialer Abstieg

Goldfinger (1964)
Filmdauer: 105 Min.
Darsteller: Sean Connery, Gert Fröbe
Regie: Guy Hamilton
Inhalt: Der größenwahnsinnige Goldfinger möchte Fort Knox mit Amerikas Goldreserven radioaktiv verseuchen. Bond soll das verhindern

Der blaue Max (1965)
Filmdauer: 147 Min.
Darsteller: George Peppard, James Mason, Ursula Andress
Regie: John Guillermin
Inhalt: Erster Weltkrieg. Der Fliegerleutnant Stachel und General von Klugermann tun alles, um sich gegenseitig auszuspielen. Ziel dieses rücksichtslosen Spiels ist es, den Orden Pour le Mérite zu bekommen

Feuerball (1965)
Filmdauer: 126 Min.
Darsteller: Sean Connery, Claudine Auger, Adolfo Celi
Regie: Terence Young
Inhalt: 007 kämpft gegen den Banden-Boß Largo

Mademoiselle (1965)

Filmdauer: 99 Min.

Darsteller: Jeanne Moreau, Ettore Manni

Regie: Tony Richardson

Inhalt: Eine Dorfschullehrerin als Sadistin

Wie ein Schrei im Wind (1965)

Filmdauer: 102 Min.

Darsteller: Rita Tushingham, Oliver Reed

Regie: Sidney Hayers

Inhalt: Der Pelztierjäger Jean kauft das stumme Waisenmädchen Eva und verschleppt sie in die Wildnis. Als er in eine Falle gerät, ist er auf ihre Hilfe angewiesen

Katanga (1967)

Filmdauer: 94 Min.

Darsteller: Rod Taylor, Yvette Mimieux

Regie: Jack Cardiff

Inhalt: Abenteuerfilm über ein Himmelfahrtskommando im Kongokrieg

Die Gräfin und ihr Oberst (1968)

Filmdauer: 87 Min.

Darsteller: Claudia Cardinale, Peter McEnery

Regie: Jerzy Skolimowski

Inhalt: Eskapaden eines Offiziers im Spanien des 19.Jahrhunderts

Duell in Vaccares (1973)

Filmdauer: 94 Min.

Darsteller: Charlotte Rampling, David Birney, Michael Lonsdale

Regie: Geoffrey Reeve

Inhalt: Spionage-Abenteuer nach einem Roman von Alistair MacLean

Mord im Orientexpress (1974)

Filmdauer: 122 Min.

Darsteller: Albert Finney, Lauren Bacall, Martin Balsam, Ingrid Bergman, Jacqueline Bisset, Jean-Pierre Cassel, Sean Connery, Anthony Perkins, Richard Widmark, Vanessa Redgrave, Michael York

Regie: Sidney Lumet

Inhalt: Hercule Poiret, der Meisterdetektiv, muß einen Mörder im Orient-Express Istanbul-Paris dingfest machen

Yanks – Gestern waren wir noch Fremde (1979)

Filmdauer: 134 Min.

Darsteller: Richard Gere, Vanessa Redgrave, Lisa Eichhorn

Regie: John Schlesinger

Inhalt: Die Liebesgeschichte zwischen dem in Großbritannien stationierten US-Soldaten Matt und der Engländerin Jean

Die Nadel (1980)

Filmdauer: 108 Min.

Darsteller: Donald Sutherland, Kate Nelligan

Regie: Richard Marquand

Inhalt: Der deutsche Spion Faber nistet sich auf einer einsamen Insel vor der Küste Schottlands bei dem verkrüppelten Jagdflieger David ein. Die Affäre mit dessen Frau Lucy wird ihm zum Verhängnis

James Bond 007 – In tödlicher Mission (1980)

Filmdauer: 127 Min.

Darsteller: Roger Moore, Carole Bouquet

Regie: John Glen

Inhalt: 007 auf einer Hetzjagd nach Schurken in Spanien

Der Missionar (1982)

Filmdauer: 83 Min.

Darsteller: Michael Palin, Maggie Smith, Trevor Howard

Regie: Richard Loncraine

Inhalt: Reverend Charles Fortescue soll im Londoner Hafenviertel eine Station für gefallene Mädchen einrichten

Wetherby (1984)

Filmdauer: 99 Min.

Darsteller: Vanessa Redgrave, Ian Holm

Regie: David Hare

Inhalt: Jean hat Angst vor dem Leben. Der Freitod eines fremden Mannes in ihrem Haus konfrontiert sie mit ihrer eigenen Vergangenheit

Auf den Schwingen des Todes (1987)
Filmdauer: 104 Min.
Darsteller: Mickey Rourke, Alan Bates, Bob Hoskins
Regie: Mike Hodges
Inhalt: Schicksal eines Berufskillers

Magie der Liebe (1988)
Filmdauer: 98 Min.
Darsteller: John Shea, Jenny Seagrove
Regie: Lawrence Gordon Clark
Inhalt: Eifersuchtsdrama in der Welt des Showbusiness

Stunden der Angst (1989)
Filmdauer: 94 Min.
Darsteller: Robin Givens, David Hewlett
Regie: David Greene
Inhalt: Ein Geisteskranker bricht aus der psychiatrischen Anstalt aus und sucht seine Ex-Freundin auf

Chicago Joe und das Showgirl (1989)
Filmdauer: 99 Min.
Darsteller: Emily Lloyd, Kiefer Sutherland
Regie: Bernard Rose
Inhalt: Herbst 1944: Der Deserteur Karl und die Stripperin Betty mimen ein Gängsterpärchen. Aus Spaß wird Ernst. Sie ermorden einen Taxifahrer

AMERIKANISCHE SPIELFILME (1939-1990):

Vom Winde verweht (Teil 1 und 2; 1939)
Filmdauer: 100 Min. bzw. 114 Min.
Darsteller: Vivien Leigh, Clark Gable, Leslie Howard, Olivia de Havilland
Regie: Victor Fleming
Inhalt: Amerika vor dem Bürgerkrieg. Die schöne Scarlett O'Hara gibt dem Werben des Kriegsschiebers Rhett Butler nach

Casablanca (1942)
Filmdauer: 98 Min.
Darsteller: Humphrey Bogart, Ingrid Bergman, Paul Henreid, Peter Lorre
Regie: Michael Curtiz
Inhalt: Casablanca im Kriegsjahr 1941: In Rick Blaines Café Américain trifft Rick seine frühere Geliebte Ilsa Lund wieder. Sie ist auf seine Hilfe angewiesen

Haben und Nichthaben (1944)
Filmdauer: 97 Min.
Darsteller: Humphrey Bogart, Lauren Bacall
Regie: Howard Hawks
Inhalt: Bootsbesitzer Morgan verhilft im Zweiten Weltkrieg auf Martinique Widerstandskämpfern zur Flucht. Dabei lernt er Marie kennen

Jagd im Nebel (1945)
Filmdauer: 114 Min.
Darsteller: Charles Boyer, Lauren Bacall
Regie: Herman Shumlin
Inhalt: Agenten-Melodram um den Pianisten Denard

Tote schlafen fest (1946)
Filmdauer: 110 Min.
Darsteller: Humphrey Bogart, Lauren Bacall

Regie: Howard Hawks
Inhalt: Privatdetektiv Philip Marlowe auf Gangsterjagd

Duell in der Sonne (1946)
Filmdauer: 124 Min.
Darsteller: Jennifer Jones, Gregory Peck, Joseph Cotten
Regie: King Vidor
Inhalt: Die Brüder Lewt und Jesse McCanles bemühen sich um die rassige Pearl

Das unbekannte Gesicht (1947)
Filmdauer: 101 Min.
Darsteller: Humphrey Bogart, Lauren Bacall
Regie: Delmer Daves
Inhalt: Vincent Parry, unschuldig im Zuchthaus gelandet, bricht aus. Er unterzieht sich einer Gesichtsoperation und macht sich auf die Suche nach dem wirklichen Mörder

Red River (1948)
Filmdauer: 127 Min.
Darsteller: John Wayne, Montgomery Clift, Walter Brennan
Regie: Howard Hawks
Inhalt: Thomas Dunson setzt sich nach einigen Rückschlägen mit unerbittlicher Härte durch

Auf einer Insel mit dir (1948)
Filmdauer: 103 Min.
Darsteller: Peter Lawford, Esther Williams
Inhalt: Exotischer Revuefilm mit Esther Williams

Gangster in Key Largo (1984)
Filmdauer: 96 Min.
Darsteller: Humphrey Bogart, Edward G. Robinson, Lauren Bacall
Inhalt: Gangster-Film mit Starbesetzung

Bis zum letzten Mann (1948)
Filmdauer: 91 Min.

Darsteller: John Wayne, Henry Fonda, Shirley Temple
Regie: John Ford
Inhalt: Owen Thursday, der neue Kommandant in Fort Apache, ist arrogant im Auftreten, und verfolgt nur das Ziel, sich einen Namen zu machen

Der Teufelshauptmann (1949)
Filmdauer: 99 Min.
Darsteller: John Wayne, Victor McLaglen, Joanne Dru
Regie: John Ford
Inhalt: Letzter Auftrag für den alten Kavalleristen Brittles vor seiner Pensionierung

Maschinenpistolen (1949)
Filmdauer: 96 Min.
Darsteller: James Cagney, Virginia Mayo
Regie: Raoul Walsh
Inhalt: Gangster Cody und seine Bande treiben so lange ein falsches Spiel, bis die Polizei das Manöver durchschaut

African Queen (1951)
Filmdauer: 99 Min.
Darsteller: Humphrey Bogart, Katharina Hepburn
Regie: John Huston
Inhalt: Afrika im Ersten Weltkrieg: Rose, eine tugendhafte Missionarin, und der heruntergekommene Charlie fliehen auf der Barkasse "African Queen" vor den Deutschen

Zwölf Uhr mittags (1952)
Filmdauer: 82 Min.
Darsteller: Gary Cooper, Grace Kelly
Regie: Fred Zinnemann
Inhalt: Sheriff Kane muß Frank Miller und seine Gang zur Strecke bringen

Wie angelt man sich einen Millionär? (1953)
Filmdauer: 92 Min.
Darsteller: Marilyn Monroe, Betty Grable, Lauren Bacall
Regie: Jean Negulesco

Inhalt: Die Mannequins Schatze, Loco und Pola wollen einen Millionär ab-
kriegen

Die barfüßige Gräfin (1954)
Filmdauer: 126 Min.
Darsteller: Ava Gardner, Humphrey Bogart
Regie: J.L. Mankiewicz
Inhalt: Der Hollywood-Regisseur Harry Dawes entdeckt die Tänzerin Maria
und will sie zum Filmstar machen

Vera Cruz (1954)
Filmdauer: 88 Min.
Darsteller: Gary Cooper, Burt Lancaster
Regie: Robert Aldrich
Inhalt: Ex-Major Trane und der Pferdedieb Erin wollen bei der mexikani-
schen Revolution auf der Seite derer mitkämpfen, die am besten bezahlt

Formicula (1954)
Filmdauer: 89 Min.
Darsteller: Edmund Gwenn, Joan Weldon
Regie: Gordon Douglas
Inhalt: Riesenameisen bedrohen die Wüste New Mexicos

Bei Anruf Mord (1954)
Filmdauer: 101 Min.
Darsteller: Ray Milland, Grace Kelly
Regie: Alfred Hitchcock
Inhalt: Tony Wendice möchte seine Frau von einem Studienfreund töten las-
sen, um an ihr Geld zu kommen

Fluß ohne Wiederkehr (1954)
Filmdauer: 87 Min.
Darsteller: Robert Mitchum, Marilyn Monroe
Regie: Otto Preminger
Inhalt: Edel-Western um Ex-Häftling Matt Calder, der Rache möchte

Über den Dächern von Nizza (1955)
Filmdauer: 102 Min.
Darsteller: Grace Kelly, Cary Grant
Regie: Alfred Hitchcock
Inhalt: Der Juwelendieb John Robie hat sich zur Ruhe gesetzt. Ein Nachahmer ruft ihn wieder auf den Plan

Jenseits von Eden (1955)
Filmdauer: 108 Min.
Darsteller: James Dean, Julie Harris
Regie: Elia Kazan
Inhalt: Der aufsässige Cal kämpft verzweifelt um die Anerkennung seines Vaters Adam Trask

Giganten (1955)
Filmdauer: 190 Min.
Darsteller: Elizabeth Taylor, Rock Hudson, James Dean
Regie: George Stevens
Inhalt: Der Ranchgehilfe Jett Rink stößt auf Erdöl und wird reich

...denn sie wissen nicht, was sie tun (1955)
Filmdauer: 106 Min.
Darsteller: James Dean, Natalie Wood, Sal Mineo
Regie: Nicholas Ray
Inhalt: Jim Stark kommt mit sich und der Welt nicht zurecht. Durch Mutproben möchte er Anerkennung bekommen

Das verflixte 7.Jahr (1955)
Filmdauer: 101 Min.
Darsteller: Marilyn Monroe, Tom Ewell
Regie: Billy Wilder
Inhalt: Eine atemberaubende Nachbarin verdreht dem verheirateten Verlagslektor Richard Sherman den Kopf

Vincent van Gogh (1956)
Filmdauer: 115 Min.
Darsteller: Kirk Douglas, Anthony Quinn

Regie: Vincente Minnelli
Inhalt: Der Künstler Vincent van Gogh arbeitet in der Provence mit Paul Gauguin zusammen. Es kommt zu Meinungsverschiedenheiten

Der Seemann und die Nonne (1956)
Filmdauer: 100 Min.
Darsteller: Deborah Kerr, Robert Mitchum
Regie: John Huston
Inhalt: Der Corporal Allison verliebt sich in die Nonne Angela

Wege zum Ruhm (1957)
Filmdauer: 83 Min.
Darsteller: Kirk Douglas, Ralph Meeker
Regie: Stanley Kubrick
Inhalt: General Mireau läßt während des 1.Weltkriegs eine deutsche Festung stürmen. Das Unterfangen ist aussichtslos. Als die Soldaten die Attacke verweigern, zeigt Mireau sein wahres Gesicht

Vierzig Gewehre (1957)
Filmdauer: 76 Min.
Darsteller: Barbara Stanwyck, Barry Sullivan
Regie: Samuel Fuller
Inhalt: Die Großgrundbesitzerin Jessica herrscht über ganz Cochise County

Sayonara (1957)
Filmdauer: 140 Min.
Darsteller: Marlon Brando, Miiko Taka
Regie: Joshua Logan
Inhalt: US-Major Lloyd verliebt sich in die Tänzerin Hana-Ogi

Laßt mich leben (1958)
Filmdauer: 114 Min.
Darsteller: Susan Hayward, Simon Oakland
Regie: Robert Wise
Inhalt: Barbara Graham wird zum Tode verurteilt. Nur der Journalist Ed Montgomery glaubt an ihre Unschuld

Verdammt sind sie alle (1958)

Filmdauer: 130 Min.

Darsteller: Frank Sinatra, Shirley MacLaine

Regie: Vincente Minnelli

Inhalt: Der Ex-Soldat und Schriftsteller Dave Hirsh zieht mit dem leichten Mädchen Ginny zusammen. Die Menschen in seinem Umfeld sind schockiert

Weites Land (1958)

Filmdauer: 158 Min.

Darsteller: Gregory Peck, Jean Simmons, Carroll Baker, Charlton Heston

Regie: William Wyler

Inhalt: James McKay verabscheut Gewalt. Er kommt in den Westen und wird mit ihr konfrontiert

Die Katze auf dem heißen Blechdach (1958)

Filmdauer: 104 Min.

Darsteller: Elizabeth Taylor, Paul Newman

Regie: Richard Brooks

Inhalt: Maggie kämpft verzweifelt um die Liebe ihres Mannes Brick

Flucht in Ketten (1958)

Filmdauer: 91 Min.

Darsteller: Tony Curtis, Sidney Poitier

Regie: Stanley Kramer

Inhalt: Dem weißen Strafgefangenen Jackson gelingt zusammen mit dem Schwarzen Cullen die Flucht. Aneinandergekettet sind sie aufeinander angewiesen

Manche mögen's heiß (1959)

Filmdauer: 116 Min.

Darsteller: Marilyn Monroe, Tony Curtis, Jack Lemmon

Regie: Billy Wilder

Inhalt: Chicago 1929. Die beiden Jazzmusiker Joe und Jerry tauchen als Frauen verkleidet in einer Damenband unter. Sie lernen die bezaubernde Sugar kennen

El Perdido (1960)
Filmdauer: 108 Min.
Darsteller: Rock Hudson, Kirk Douglas, Dorothy Malone
Regie: Robert Aldrich
Inhalt: Die beiden Todfeinde O'Malley und Stribling gehen gemeinsam auf Viehtrieb

Frühstück bei Tiffany (1960)
Filmdauer: 110 Min.
Darsteller: Audrey Hepburn, George Peppard
Regie: Blake Edwards
Inhalt: Das New Yorker Partygirl Holly liebt spendable Herren

Die Vögel (1963)
Filmdauer: 115 Min.
Darsteller: Rod Taylor, Jessica Tandy, Tippy Hedren
Regie: Alfred Hitchcock
Inhalt: Aufgeregte Vögel greifen Menschen in Bodega Bay an. Panik bricht aus

Küß mich, Dummkopf (1964)
Filmdauer: 119 Min.
Darsteller: Dean Martin, Kim Novak
Regie: Billy Wilder
Inhalt: Schlagerstar Dino wird von einem Klavierlehrer mit dem Barmädchen Polly für seine Zwecke geködert

Geheimaktion Crossbow (1964)
Filmdauer: 112 Min.
Darsteller: Sophia Loren, George Peppard
Regie: Michael Anderson
Inhalt: Agenten spionieren Raketenpläne aus

Ein Schuß im Dunkeln (1964)
Filmdauer: 98 Min.
Darsteller: Peter Sellers, Elke Sommer, Herbert Lom
Regie: Blake Edwards

Inhalt: Inspektor Clouseau glaubt nicht daran, daß das Zimmermädchen Ballon etwas mit dem Mordfall Ballon zu tun hat

Wiegenlied für eine Leiche (1964)

Filmdauer: 128 Min.
Darsteller: Bette Davis, Olivia de Havilland, Joseph Cotten
Regie: Robert Aldrich
Inhalt: Psycho-Thriller um die Feindschaft zwischen der alternden Holly und ihrer Cousine Charlotte

...denn keiner ist ohne Schuld (1965)

Filmdauer: 116 Min.
Darsteller: Stephen Boyd, Elke Sommer, Eleanor Parker, Joseph Cotten, Ernest Borgnine
Regie: Russell Rouse
Inhalt: Der Schauspieler Frank Fane ist vom Ehrgeiz zerfressen. Auf dem Weg nach oben ist er skrupellos

Die vier Söhne der Katie Elder (1965)

Filmdauer: 117 Min.
Darsteller: John Wayne, Dean Martin
Regie: Henry Hathaway
Inhalt: Die Söhne der Katie Elder kommen nach Clearwater, um ihre Mutter zu begraben. Als sie erfahren, daß ihr Vater ermordet wurde, machen sie sich auf die Suche nach den Schuldigen

Doktor Schiwago (1965)

Filmdauer: 185 Min.
Darsteller: Omar Sharif, Geraldine Chaplin, Julie Christie, Klaus Kinski
Regie: David Lean
Inhalt: Der Arzt und Dichter Jurij Schiwago verliebt sich in Larissa. In den Wirren der russischen Revolution kreuzen sich ihre Wege immer wieder

Madame X (1965)

Filmdauer: 96 Min.
Darsteller: Lana Turner, John Forsythe
Regie: David Lowell Rich

Inhalt: Die Verkäuferin Holly Parker heiratet Clay Anderson, den Sproß einer steinreichen Familie. Sie glaubt, ihr Glück gefunden zu haben

Arabeske (1966)
Filmdauer: 100 Min.
Darsteller: Gregory Peck, Sophia Loren
Regie: Stanley Donen
Inhalt: Professor Pollock soll für einen Reeder eine Hieroglyphenschrift ent-ziffern

Der Weg nach Westen (1966)
Filmdauer: 117 Min.
Darsteller: Kirk Douglas, Robert Mitchum, Richard Widmark
Regie: Andrew V. McLaglen
Inhalt: Ex-Senator bricht mit einem Siedlertreck nach Oregon auf

Große Lüge Lylah Clare (1967)
Filmdauer: 125 Min.
Darsteller: Kim Novak, Peter Finch, Ernest Borgnine
Regie: Robert Aldrich
Inhalt: Lylah Claire, vom Regisseur Zarkan zum Filmstar aufgebaut, stirbt auf rätselhafte Art und Weise. Dreißig Jahre später dreht Zarkan wieder einen Film. Die junge Schauspielerin Elsa sieht Lylah verblüffend ähnlich. Auch sie soll ein Star werden

Der Verwegene (1967)
Filmdauer: 105 Min.
Darsteller: Charlton Heston, Joan Hackett, Donald Pleasence, Lee Majors, Bruce Dern
Regie: Tom Gries
Inhalt: Harter Film aus den Pioniertagen Amerikas

Die Nacht, als Minsky aufflog (1968)
Filmdauer: 94 Min.
Darsteller: Jason Robards, Britt Ekland
Regie: William Friedkin
Inhalt: Rachel, ein Provinzmädchen, macht als Revuegirl Karriere

Wer trägt bei Rosie schon Pyjamas? (1968)

Filmdauer: 86 Min.
Darsteller: Jacqueline Bisset, Wes Stern, Rick Kelman, Wink Roberts
Regie: James Neilsen
Inhalt: Teenager-Komödie um drei College-Schüler

Macho Callahan (1969)

Filmdauer: 93 Min.
Darsteller: David Janssen, Jean Seberg, Lee J. Cobb
Regie: Bernard L. Kowalski
Inhalt: Macho Callahan gelingt die Flucht aus einem Militärgefängnis. Er rächt sich für die demütigende Behandlung

Stiletto (1969)

Filmdauer: 100 Min.
Darsteller: Alex Cord, Britt Ekland, Roy Scheider
Regie: Bernard Kowalski
Inhalt: Playboy Cesare in den Fängen der Mafia

Tote Bienen singen nicht (1969)

Filmdauer: 94 Min.
Darsteller: Raquel Welch, James Stacy
Regie: James Neilson
Inhalt: Michele, ein Tanzgirl, ist auf der Flucht vor einem psychopathischen Mörder

Shaft (1970)

Filmdauer: 96 Min.
Darsteller: Richard Roundtree, Moses Gunn, Charles Cioffi
Regie: Gordon Parks
Inhalt: Der schwarze Privatdetektiv Shaft ist beruflich und bei Frauen gleichermaßen erfolgreich

Valdez kommt (1970)

Filmdauer: 87 Min.
Darsteller: Burt Lancaster, Susan Clark
Regie: Edwin Sherin

Inhalt: Der mexikanische Hilfssheriff Valdez erschießt in Notwehr einen Farbigen. Dieser war zu Unrecht im Verdacht, ein Mörder zu sein. Auf dem Weg, das Geschehene wieder gut zu machen, rollt man Valdez viele Steine in den Weg

C.C. und Company (1970)
Filmdauer: 82 Min.
Darsteller: Joe Namath, Ann-Margret
Regie: Seymour Robbie
Inhalt: C.C. Rider, Mitglied der Rockerclique "The Heads", wehrt sich gegen die Brutalität innerhalb der Gruppe. Er bekommt Schwierigkeiten mit Gangleader Moon

Frühling einen Sommer lang (1970)
Filmdauer: 100 Min.
Darsteller: Jennifer O'Neil, Gary Grimes
Regie: Robert Mulligan
Inhalt: Ein Fünfzehnjähriger erlebt seine erste Liebe

Cisco Pike (1971)
Filmdauer: 90 Min.
Darsteller: Kris Kristofferson, Karen Black, Gene Hackman
Regie: Bill L. Norton
Inhalt: Cisco Pike, einst ein gefragter Sänger, versucht, sich mit Rauschgifthandel über Wasser zu halten

Die Faust der Rebellen (1972)
Filmdauer: 88 Min.
Darsteller: Barbara Hershey, David Carradine
Regie: Martin Scorsese
Inhalt: "Boxcar-Bertha" zieht mit dem Gewerkschaftler Big Bill Shelley durch die Lande. Der Abstieg in die Kriminalität beginnt

Sinola (1972)
Filmdauer: 84 Min.
Darsteller: Clint Eastwood, Robert Duvall, Stella Garcia
Regie: John Sturges

Inhalt: Der Revolverheld Joe Kidd wechselt die Fronten

Die Legende vom Killer Tom (1972)
Filmdauer: 101 Min.
Darsteller: Richard Widmark, Frederic Forrest, Luana Anders
Regie: Stuart Millar
Inhalt: Der alte, trunksüchtige Rodeo-Manager Red beutet den jungen Indianer Tom aus

Was Sie schon immer über Sex wissen wollten... (1972)
Filmdauer: 85 Min.
Darsteller: Woody Allen, John Carradine, Burt Reynolds, Gene Wilder
Regie: Woody Allen
Inhalt: Sieben außergewöhnliche Episoden zum Thema Sex

Key West (1972)
Filmdauer: 87 Min.
Darsteller: Stephen Boyd, Woody Strode, Sheree North
Regie: Philip Leacock
Inhalt: Der ehemalige CIA-Agent Cutler läßt sich am Strand von Key West von der kessen Brandi verwöhnen. Hinter seinem Rücken läuft ein Komplott gegen ihn

Kalter Hauch (1972)
Filmdauer: 96 Min .
Darsteller: Charles Bronson, Jan-Michel Vincent, Jill Ireland
Regie: Michael Winner
Inhalt: Thriller um einen Auftragskiller, der den Sohn eines von ihm getöteten Freundes unter seine Fittiche nimmt

Zapfenstreich (1973)
Filmdauer: 112 Min.
Darsteller: James Caan, Marsha Mason, Eli Wallach
Regie: Mark Rydell
Inhalt: Der Matrose John Baggs verliebt sich in die ausgeflippte Maggie. Obwohl sie bereits Kinder hat, heiratet er sie

Pat Garrett jagt Billy the Kid (1973)
Filmdauer: 102 Min.
Darsteller: James Coburn, Kris Kristofferson, Bob Dylan, Jason Robards
Regie: Sam Peckinpah
Inhalt: Der Ex-Bandit Pat Garrett ist Sheriff geworden. Er muß seinen alten Freund Billy the Kid, der steckbrieflich gesucht wird, zur Strecke bringen

Chinatown (1974)
Filmdauer: 125 Min.
Darsteller: Jack Nicholson, Faye Dunaway
Regie: Roman Polanski
Inhalt: Privatdetektiv Gittes beschattet Hollis Mulwray, den Chef der Wasserwerke

Das Gesetz bin ich (1974)
Filmdauer: 100 Min.
Darsteller: Charles Bronson, Al Lettieri, Linda Cristal
Regie: Richard Fleischer
Inhalt: Ex-Häftling Vince Majestyk will als Melonenzüchter ein neues Leben beginnen

The California Kid (1974)
Filmdauer: 71 Min.
Darsteller: Martin Sheen, Nick Nolte, Michelle Phillips
Regie: Richard T. Heffron
Inhalt: Michael McCord, Bruder eines Unfallopfers, rechnet mit einem abartig veranlagten Sheriff ab

Familiengrab (1975)
Filmdauer: 115 Min.
Darsteller: Karen Black, Bruce Dern, Barbara Harris
Regie: Alfred Hitchcock
Inhalt: Mit großer Raffinesse inszenierter Krimi des Meisterregisseurs

Mein Name ist Gator (1975)
Filmdauer: 105 Min.
Darsteller: Burt Reynolds, Lauren Hutton

Regie: Burt Reynolds
Inhalt: Schwarzbrenner Gator McKluskey und die hübsche Aggie werden gejagt

Nevada Paß (1975)
Filmdauer: 91 Min.
Darsteller: Charles Bronson, Ben Johnson, Jill Ireland, Richard Crenna
Regie: Tom Gries
Inhalt: John Deakin, Agent der US-Regierung, besteigt als Gefangener getarnt einen Zug, in dem Soldaten ermordet werden

Turm des Schreckens (1975)
Filmdauer: 92 Min.
Darsteller: Kurt Russell, Ned Beatty
Regie: Jerry Jameson
Inhalt: Der Student Charles Whitman läuft Amok. Nachdem er seine Mutter und seine Frau getötet hat, besteigt er einen Turm. Von dort aus schießt er auf alles, was sich bewegt. Der Film basiert auf einer wahren Begebenheit

Der Stadtneurotiker (1976)
Filmdauer: 90 Min.
Darsteller: Woody Allen, Diane Keaton
Regie: Woody Allen
Inhalt: Für Alvy Singer bricht die Welt zusammen, als seine Freundin Annie ihn verläßt

Supermann des Wilden Westens (1976)
Filmdauer: 102 Min.
Darsteller: Lee Marvin, Oliver Reed, Kay Lenz
Regie: Don Taylor
Inhalt: Mit Hilfe des Knastbruders Billy und der Prostituierten Thursday wollen Sam und Joe sich an Colby rächen. Dieser hat sie einst um viel Geld betrogen

Hair (1977)
Filmdauer: 116 Min.
Darsteller: John Savage, Beverly D'Angelo

Regie: Milos Forman
Inhalt: Der Farmerssohn Claude schließt sich kurz vor seinem Einsatz als Soldat im Vietnam-Krieg einer Hippie-Gruppe an

Junge Liebe (1977)
Filmdauer: 88 Min.
Darsteller: William Katt, Susan Dey
Regie: Joan Darling
Inhalt: Der College-Student Elgin und die bezaubernde Caroline verbringen eine Zeit voller Romantik

Das unsichtbare Auge (1978)
Filmdauer: 93 Min.
Darsteller: Lauren Hutton, David Birney
Regie: John Carpenter
Inhalt: Regisseurin Leigh Michaels wird von einem anonymen Anrufer terrorisiert

Driver (1978)
Filmdauer: 88 Min.
Darsteller: Ryan O'Neal, Bruce Dern, Isabelle Adjani
Regie: Walter Hill
Inhalt: "Driver" ist der Fahrer von Gangster-Fluchtautos. Eine schöne, geheimnisvolle Zeugin hilft ihm stets aus der Patsche

Lawinen-Express (1978)
Filmdauer: 85 Min.
Darsteller: Lee Marvin, Robert Shaw, Horst Buchholz, Linda Evans, Maximilian Schell
Regie: Mark Robson
Inhalt: Spionage-Thriller aus der Zeit des Kalten Krieges

Ein Mann kämpft allein (1978)
Filmdauer: 93 Min.
Darsteller: Peter Strauss, Richard Lawson, Brian Dennehy, Ed Lauter
Regie: Michael Mann

Inhalt: Rain Murphy, der seinen Vater umgebracht hat, verbüßt eine lebenslange Haftstrafe. Er entwickelt sich im Gefängnishof zum Wunderläufer und wird zur Teilnahme an den Olympischen Spielen vorgeschlagen

Zehn – Die Traumfrau (1979)
Filmdauer: 118 Min.
Darsteller: Dudley Moore, Bo Derek
Regie: Blake Edwards
Inhalt: Der Erfolgskomponist George Webber entdeckt eines Tages eine aufregende Blondine. Er schreckt vor nichts zurück, um sie zu erobern

Rocky II (1979)
Filmdauer: 112 Min.
Darsteller: Sylvester Stallone, Talia Shire, Carl Weathers, Burgess Meredith
Regie: Sylvester Stallone
Inhalt: Rocky kämpft gegen Apollo Creed

The Rose (1979)
Filmdauer: 129 Min.
Darsteller: Bette Midler, Alan Bates
Regie: Mark Rydell
Inhalt: Die umjubelte Rock-Sängerin Rose möchte ein Jahr aussteigen. Ihr Manager, ein kühler Rechner, ist nur an ihrer Vermarktung interessiert

Die Flucht von Alcatraz (1979)
Filmdauer: 107 Min.
Darsteller: Clint Eastwood, Patrick McGoohan
Regie: Don Siegel
Inhalt: Frank Morris möchte aus dem berüchtigten Insel-Gefängnis Alcatraz ausbrechen

Die blaue Lagune (1980)
Filmdauer: 110 Min.
Darsteller: Brooke Shields, Christopher Atkins
Regie: Randal Kleiser

Inhalt: Zwei Achtjährige, Richard und Emmeline, werden nach einem Schiffbruch auf eine einsame Insel in der Südsee verschlagen. Sie wachsen heran, erleben Pubertät und erste Liebe

Heaven's Gate – Das Tor zum Himmel (1980)
Filmdauer: 207 Min.
Darsteller: Kris Kristofferson, Christopher Walken, Isabelle Huppert
Regie: Michael Cimino
Inhalt: Blutiges Kapitel aus der Siedlerzeit

Stardust Memories (1980)
Filmdauer: 85 Min.
Darsteller: Woody Allen, Charlotte Rampling
Regie: Woody Allen
Inhalt: Regisseur Sandy Bates zwischen drei Frauen

Jahrmarkt (1980)
Filmdauer: 102 Min.
Darsteller: Gary Busey, Jodie Foster
Regie: Robert Kaylor
Inhalt: Frankie und Patch, zwei Zirkusclowns, werden wegen der hübschen Kellnerin Donna, die sich als Stripperin versucht, zu Rivalen

Reich und berühmt (1981)
Filmdauer: 112 Min.
Darsteller: Jacqueline Bisset, Candice Bergen, David Selby
Regie: George Cukor
Inhalt: Liz und Merry, zwei Freundinnen aus alten Zeiten, treffen sich nach zehn Jahren wieder. Liz ist Schriftstellerin, Merry verheiratet und Mutter einer Tochter. Beide wünschen sich, was die andere hat. Liz verführt Merrys Ehemann Doug im WC eines Jumbos

Tarzan, Herr des Urwalds (1981)
Filmdauer: 107 Min.
Darsteller: Miles O'Keeffe, Bo Derek
Regie: John Derek
Inhalt: Tarzan, Boß des Urwalds, erobert Jane

Der weiße Hund von Beverly Hills (1981)

Filmdauer: 82 Min.

Darsteller: Kristy McNichol, Burl Ives

Inhalt: Julie wird Besitzerin eines Hundes, der darauf abgerichtet ist, farbige Menschen zu töten

Endlose Liebe (1981)

Filmdauer: 102 Min.

Darsteller: Brooke Shields, Martin Hewitt

Inhalt: David und Jane verlieben sich ineinander. Sie müssen harte Prüfungen bestehen, um zueinander zu finden

Cujo (1982)

Filmdauer: 86 Min.

Darsteller: Dee Wallace, Daniel Hugh-Kelly

Regie: Lewis Teague

Inhalt: Cujo, ein friedlicher Bernhardiner, wird durch den Biß einer Fledermaus zur reißenden Bestie

Eine Sommernachts-Sexkomödie (1982)

Filmdauer: 84 Min.

Darsteller: Woody Allen, Mia Farrow, José Ferrer

Regie: Woody Allen

Inhalt: Drei Paare verbringen um 1900 gemeinsam ein Wochenende auf dem Lande. Die Leidenschaft führt dazu, daß Partnertausch angesagt ist

Verhext (1982)

Filmdauer: 99 Min.

Darsteller: Bette Midler, Rip Torn

Regie: Don Siegel

Inhalt: Schwarze Komödie aus dem Spielermilieu

Sophies Entscheidung (1982)

Filmdauer: 145 Min.

Darsteller: Meryl Streep, Kevin Kline, Katharina Thalbach

Regie: Alan J. Pakula

Inhalt: Stingo, ein junger Schriftsteller, möchte die polnische Emigrantin Sophie aus ihrer selbstzerstörerischen Beziehung herausholen

Straße der Ölsardinen (1982)
Filmdauer: 116 Min.
Darsteller: Nick Nolte, Debra Winger
Regie: David S. Ward
Inhalt: Doc, ein Meeresbiologe, lernt die Herumtreiberin Suzy kennen

Atemlos (1982)
Filmdauer: 96 Min.
Darsteller: Richard Gere, Valerie Kaprisky
Regie: Jim McBride
Inhalt: Autodieb Jesse möchte mit der Studentin Monica in Mexiko untertauchen

Der Honorarkonsul (1982)
Filmdauer: 99 Min.
Darsteller: Michael Caine, Richard Gere, Bob Hoskins, Elpidia Carrillo
Regie: John Mackenzie
Inhalt: Der junge Arzt Eduardo Plarr flüchtet nach Argentinien. Dort verliebt er sich in Clara, die Frau des Honorarkonsuls. Das hat Folgen unangenehmer Art

Rumble Fish (1983)
Filmdauer: 90 Min.
Darsteller: Matt Dillon, Mickey Rourke, Diane Lane, Dennis Hopper, Nicholas Cage
Regie: Francis Ford Coppola
Inhalt: Motorcycle-Boy, einst Boß einer Straßengang, hat die Sinnlosigkeit von Gewalt eingesehen. Sein Bruder, für den er immer noch ein Idol ist, steht jedoch auf Zoff

Class – Vom Klassenzimmer zur Klassefrau
Filmdauer: 98 Min.
Darsteller: Rob Lowe, Jacqueline Bisset, Andrew McCarthy
Regie: Lewis John Carlino

Inhalt: Der naive Collegeboy Jonathan lernt in einer Bar die 35jährige Ellen kennen. Sie verführt ihn in einem gläsernen Lift. Wenig später stellt sich heraus, daß sie die Mutter seines Collegekollegen Skip ist

Sie nannten ihn Stick (1983)
Filmdauer: 105 Min.
Darsteller: Burt Reynolds, Candice Bergen, George Segal
Regie: Burt Reynolds
Inhalt: Ex-Häftling Stick gerät in eine mörderische Intrige

Sag niemals nie (1983)
Filmdauer: 121 Min.
Darsteller: Sean Connery, Klaus Maria Brandauer, Max von Sydow, Barbara Carrera, Kim Basinger
Regie: Irvin Kershner
Inhalt: 007 kämpft gegen den Schurken Blofeld und dessen Handlanger Largo

Die Aufsässigen (1984)
Filmdauer: 103 Min.
Darsteller: Nick Nolte, Judd Hirsch, Jobeth Williams, Ralph Macchio
Regie: Arthur Hiller
Inhalt: Ein geplagter Englischlehrer unter lauter aufsässigen Schülern

Ein Klassemädchen (1984)
Filmdauer: 91 Min.
Darsteller: Kristy McNichol, Michael Ontkean
Regie: Edouard Molinaro
Inhalt: Susan ist jung, hübsch und begabt. Sie hat jedoch ein Handicap in Form einer Beinprothese. Für einen Winterurlaub läßt sie sich die Prothese kurzerhand eingipsen.
Prompt lernt sie den Fotografen Peter kennen

Die Frau in Rot (1984)
Filmdauer: 83 Min.
Darsteller: Gene Wilder, Kelly LeBrock
Regie: Gene Wilder

Inhalt: Werbemanager Teddy Pierce ist ein treuer Ehemann. Das ändert sich, als er das atemberaubende Fotomodell Charlotte kennenlernt

Maria's Lovers (1984)

Filmdauer: 105 Min.
Darsteller: Nastassja Kinski, John Savage, Robert Mitchum, Keith Carradine
Regie: Andrei Konchalovsky
Inhalt: Der Amerikaner Ivan Bibic heiratet seine Jugendliebe Maria. Seine traumatischen Kriegserinnerungen zerstören die Liebe

Susan...verzweifelt gesucht (110 Min.)

Filmdauer: 110 Min.
Darsteller: Madonna, Rosanna Arquette
Regie: Susan Seidelman
Inhalt: Odyssee durch New York

L.I.S.A. – Der helle Wahnsinn (1984)

Filmdauer: 90 Min.
Darsteller: Anthony Michael Hall, Kelly LeBrock
Regie: John Hughes
Inhalt: Gary und Wyatt basteln sich am Computer ihre Traumfrau

Splash – Jungfrau am Haken (1984)

Filmdauer: 110 Min.
Darsteller: Tom Hanks, Daryl Hannah
Regie: Ron Howard
Inhalt: Eine Nixe rettet dem New Yorker Obsthändler Allen Bauer das Leben. Sie geht ihm nicht mehr aus dem Kopf

Country (1984)

Filmdauer: 106 Min.
Darsteller: Jessica Lange, Sam Shephard
Regie: Richard Pearce
Inhalt: Die Farmersfrau Jewell Ivy gibt nicht auf

Eine Liebe bis September (1984)

Filmdauer: 92 Min.

Darsteller: Karen Allen, Thierry Lhermitte

Regie: Richard Marquand

Inhalt: Eine zarte Romanze zwischen der Amerikanerin Mo und dem Strohwitwer Xavier de la Perouse im sommerlichen Paris

Bodycheck (1985)

Filmdauer: 106 Min.

Darsteller: Rob Lowe, Patrick Swayze

Regie: Peter Markle

Inhalt: Dean Youngblood möchte Eishockey-Profi werden. Als er der Tochter des Trainers schöne Augen macht, kommt es zum Eklat

Trouble in mind (1985)

Filmdauer: 107 Min.

Darsteller: Kris Kristofferson, Keith Carradine, Lori Singer, Geneviève Bujold, Divine

Regie: Alan Rudolph

Inhalt: Machtspielchen um die Gunst einer Frau

Top Gun – Sie fürchten weder Tod noch Teufel (1985)

Filmdauer: 115 Min.

Darsteller: Tom Cruise, Kelly McGillis

Regie: Tony Scott

Inhalt: Der junge Flieger Maverick, ein Draufgänger durch und durch, findet bei der attraktiven Ausbilderin Charlie Verständnis

Die Ehre der Prizzis (1985)

Filmdauer: 124 Min.

Darsteller: Jack Nicholson, Kathleen Turner, Anjelica Huston

Regie: John Huston

Inhalt: Katz-und-Maus-Spiel zwischen zwei Killern, die zwischen Liebe und "Beruf" entscheiden müssen

Hannah und ihre Schwestern (1985)

Filmdauer: 102 Min.

Darsteller: Mia Farrow, Barbara Hershey, Dianne Wiest, Michael Caine, Max von Sydow, Woody Allen

Regie: Woody Allen
Inhalt: Liebesspielchen in einer New Yorker Familie

Zurück in die Zukunft (1985)

Filmdauer: 111 Min.
Darsteller: Michael J. Fox, Christopher Lloyd, Lea Thompson
Regie: Robert Zemeckis
Inhalt: Marty McFly wird mit Doc Browns Zeitmaschine um 30 Jahre in die Vergangenheit zurückbefördert. Er landet im Bett seiner Mutter, die noch ein attraktiver Teenager ist

Jenseits von Afrika (1985)

Filmdauer: 155 Min.
Darsteller: Meryl Streep, Robert Redford, Klaus M. Brandauer
Regie: Sydney Pollack
Inhalt: Die Dänin Karen Dinesen verliebt sich nach einer großen Enttäuschung in den Großwildjäger Finch Hatton

A Chorus Line (1985)

Filmdauer: 113 Min.
Darsteller: Michael Douglas, Janet Jones
Regie: Richard Attenborough
Inhalt: Der sadistische Choreograph Zach zettelt an einem New Yorker Broadway-Theater einen gnadenlosen Ausleseprozeß an

Leben und Sterben in L.A. (1985)

Filmdauer: 111 Min.
Darsteller: William L. Petersen, Willem Dafoe, Debra Feuer
Regie: William Friedkin
Inhalt: Geheimagent Hart wird brutal ermordet. Sein Kollege Richard schwört Rache

Im Jahr des Drachen (1985)

Filmdauer: 129 Min.
Darsteller: Mickey Rourke, John Lone, Ariane
Regie: Michael Cimino

Inhalt: Stanley White, ein Vietnam-Veteran, führt einen Privatkrieg gegen die Drogenmafia in Chinatown

Liebe ist ein Spiel auf Zeit (1986)
Filmdauer: 94 Min.
Darsteller: Tom Hanks, Christina Marsillach
Regie: Moshe Mizrahi
Inhalt: Der amerikanische Soldat David Bradford verliebt sich in die Jüdin Sarah. Trotz des Vetos der Eltern gibt er seine Liebe nicht verloren

Die Farbe des Geldes (1986)
Filmdauer: 115 Min.
Darsteller: Paul Newman, Tom Cruise, Helen Shaver
Regie: Martin Scorsese
Inhalt: Spielerfilm um die beiden Billard-Spieler Eddie Felson und Vincent

Mosquito Coast (1986)
Filmdauer: 113 Min.
Darsteller: Harrison Ford, Helen Mirren, River Phoenix
Regie: Peter Weir
Inhalt: Allie Fox nimmt Abschied von der Wohlstandsgesellschaft und zieht mit Frau und vier Kindern in den Urwald von Honduras

Platoon (1986)
Filmdauer: 115 Min.
Darsteller: Tom Berenger, Willem Dafoe, Charlie Sheen, Kevin Dillon
Regie: Oliver Stone
Inhalt: Chris Taylor meldet sich freiwillig nach Vietnam und landet in der Hölle

Der Sizilianer (1986/87)
Filmdauer: 139 Min.
Darsteller: Christopher Lambert, Terence Stamp, Barbara Sukowa
Regie: Michael Cimino
Inhalt: Packender Gangsterfilm über Salvatore Giuliano

Der Mann im Hintergrund (1987)

Filmdauer: 102 Min.

Darsteller: Tom Berenger, Mimi Rogers

Regie: Ridley Scott

Inhalt: Ein Polizist schützt eine Millionärin

Chicago Blues (1987)

Filmdauer: 106 Min.

Darsteller: Matt Dillon, Diane Lane, Tommy Lee Jones, Lee Grant

Regie: Ben Bolt

Inhalt: Ricky Cullen schlägt sich in den Spielhöllen Chicagos durch

Die unerträgliche Leichtigkeit des Seins (1987)

Filmdauer: 165 Min.

Darsteller: Daniel Day-Lewis, Juliette Binoche, Lena Olin

Regie: Philip Kaufmann

Inhalt: Der Chirurg Tomas ist ein Frauenheld. Seine persönliche Idylle trübt der "Prager Frühling"

Der große Leichtsinn (1987)

Filmdauer: 98 Min.

Darsteller: Dennis Quaid, Ellen Barkin, Ned Beatty

Regie: Jim McBride

Inhalt: Lieutenant McSwain verliebt sich in die Staatsanwältin Anne Osborne. Sie soll einen Korruptionssumpf aufdecken, in den McSwain verwickelt ist

Gefährliche Freundin (1987)

Filmdauer: 114 Min.

Darsteller: Jeff Daniels, Melanie Griffith

Regie: Jonathan Demme

Inhalt: Die schrille Lulu spielt mit dem braven Charles

Cocktail (1987)

Filmdauer: 100 Min.

Darsteller: Tom Cruise, Bryan Brown, Elisabeth Shue

Regie: Roger Donaldson

Inhalt: Brian Flanagan verzaubert Frauen mit seinen Cocktails

Ein himmlischer Schnüffler (1988)

Filmdauer: 71 Min.

Darsteller: George Carlin, Molly Hagan

Regie: Blake Edwards

Inhalt: Ein Geist begibt sich auf die Suche nach seinem eigenen Mörder

Batman (1988)

Filmdauer: 121 Min.

Darsteller: Michael Keaton, Jack Nicholson, Kim Basinger, Jack Palance

Regie: Tim Burton

Inhalt: Unterwelt-Kampf zwischen Gut und Böse

Homeboy (1988)

Filmdauer: 111 Min.

Darsteller: Mickey Rourke, Christopher Walken, Debra Feuer

Regie: Michael Seresin

Inhalt: Der Boxer Johnny Walken bereitet sich auf seinen letzten Boxkampf vor

Der letzte Outlaw (1988)

Filmdauer: 103 Min.

Darsteller: Richard Gere, Kevin Anderson, Helen Hunt

Regie: Gary Sinise

Inhalt: Zwei frustrierte Farmer brennen ihre Farm nieder

Ninas Alibi (1988)

Filmdauer: 90 Min.

Darsteller: Tom Selleck, Paulina Porizkova

Regie: Bruce Beresford

Inhalt: Krimiautor Philip liefert der wegen Mordes angeklagten Rumänin Nina ein Alibi und quartiert sie bei sich ein

Mörderischer Vorsprung (1988)

Filmdauer: 105 Min.

Darsteller: Sidney Poitier, Tom Berenger, Kirstie Alley

Regie: Roger Spottiswoode

Inhalt: FBI-Agent Stantin und der Naturbursche Jonathan Knox jagen einen skrupellosen Geiselgangster

Showdown in Silver City (1988)
Filmdauer: 68 Min.
Darsteller: John T. Terlesky, Whitney Kershaw, John Laughlin
Regie: Virgil Vogel
Inhalt: Humorvoller Western

Neujahr in New York (1989)
Filmdauer: 84 Min.
Darsteller: Henry Jaglom, Maggie Jakobson
Regie: Henry Jaglom
Inhalt: Ein Film über Menschen in der Krise

Sex, Lügen und Video (1989)
Filmdauer: 96 Min.
Darsteller: James Spader, Andie McDowell
Regie: Steven Soderbergh
Inhalt: Die Fassade der Ehe zwischen Ann und John wird krampfhaft aufrechterhalten.
Johns Ex-Studienkollege Graham überredet Ann, ihm ihr Sexualleben vor der Videokamera zu schildern

Nach uns die Sintflut (1989)
Filmdauer: 94 Min.
Darsteller: Tony Askin, Eszter Balint, B.J. Spalding
Regie: Christian Faber
Inhalt: Zwei Underdogs flüchten vor der Polizei

New Yorker Geschichten (1989)
Filmdauer: 120 Min.
Darsteller: Nick Nolte, Rosanna Arquette, Talia Shire, Woody Allen, Mia Farrow
Regie: Martin Scorsese
Inhalt: Drei Episoden aus einer Großstadt

Feinde – Die Geschichte einer Liebe (1989)

Filmdauer: 115 Min.

Darsteller: Ron Silver, Anjelica Huston, Lena Olin

Regie: Paul Mazursky

Inhalt: Der Emigrant Herman zwischen drei Frauen

Schmutziges Spiel (1989)

Filmdauer: 90 Min.

Darsteller: Lisa Hartman, Anthony Denison

Regie: Noel Nosseck

Inhalt: Der Mord an einem Callgirl muß aufgeklärt werden. Staatsanwältin Sarah schlüpft dafür in die Rolle eines Callgirls

Mord um Mitternacht (1990)

Filmdauer: 92 Min.

Darsteller: Connie Sellecca, Jere Burns

Regie: Larry Elikann

Inhalt: Die Schauspielerin Sheila erschießt im Affekt ihren Mann Barney und bekommt auf wundersame Weise eine Chance, diesen rückgängig zu machen

Wild at heart – Die Geschichte von Sailor und Lula (1990)

Filmdauer: 119 Min.

Darsteller: Nicolas Cage, Laura Dern, Willem Dafoe

Regie: David Lynch

Inhalt: Der naive und rebellische Sailor liebt die ebenso naive, jedoch sinnliche Lula. Bis zum Happy-End müssen sie kämpfen, was das Zeug hält

FERNSEHFILME UND SERIEN:

Ron und Tanja (6 Teile)
Darsteller: Günter Lamprecht, Leandro Blanco, Alexandra Henkel
Ein Film von Christoph Mattner und Felix Huby
Inhalt: Die Schülerin Tanja verliebt sich in den Farbigen Ron. Ihr Umfeld reagiert abweisend

Bekenntnisse des Hochstaplers Felix Krull (5 Teile)
Darsteller: John Moulder-Brown, Oliver Wehe, Klaus Schwarzkopf, Marie Colbin
Ein Film von Alf Brustellin und Bernhard Sinkel
Inhalt: Felix, Sohn eines lebenslustigen Sektfabrikanten, erkennt zeitig, daß sich die Frauen für ihn interessieren

Herr Siebenfink und die Sache mit Caroline
Filmdauer: 59 Min.
Darsteller: Klaus Schwarzkopf, Stephanie Philipp
Regie: Wolfgang Panzer
Inhalt: Witwer Arno Siebenfink leidet nach seiner Pensionierung unter Depressionen. Nach einem Zechabend entdeckt er ein junges Mädchen, das sich im Fluß das Leben nehmen will. Arno nimmt sie mit nach Hause und kümmert sich wie ein Vater um sie

Solo für Georg
Filmdauer: 85 Min.
Darsteller: Helmut Baumann, Louise Martini, Klaus Schwarzkopf, Hannes Jaenicke
Regie: Jens-Peter Behrend
Inhalt: Georg, Kellner in einem Gourmet-Restaurant, entdeckt durch einen Zufall seine alte Leidenschaft für's Tanzen wieder

Der neue Mann
Filmdauer: 90 Min.

Darsteller: Maja Maranow, Dieter Kirchlechner
Regie: Konrad Sabrautzky
Inhalt: Die junge Betriebswirtin Ulli Degen handelt sich bei der Suche nach einem Arbeitsplatz nur Absagen ein. Ihr Freund Rick schlägt ihr mehr aus Spaß vor, sich doch als Mann zu bewerben. Ulli bekommt den Job

Johnny Belinda
Filmdauer: 90 Min.
Darsteller: Rosanna Arquette, Richard Thomas
Regie: Anthony Page
Inhalt: Das taubstumme Mädchen Belinda verliebt sich in den Sozialarbeiter Bill

Casanova – der wilde Pfau
Filmdauer: 50 Min.
Darsteller: Boris Rösner, Zdenek Ornest
Regie: Jaroslav Soukup
Inhalt: Szenen aus dem Leben des berühmten Verführers

Die Verlockung
Filmdauer: 88 Min.
Darsteller: Levin Kress, Fritz Karl, Dominic Raacke, Therese Jagersberger; Helmut Berger, Tina Engel
Regie: Dieter Berner
Inhalt: Der Werkzeugmacherlehrling Rudi Blaha und sein Freund Manfred träumen davon, einmal ihr Filmidol Brigitte Bardot zu treffen

Der Bierkönig
Filmdauer: 95 Min.
Darsteller: Raf Vallone, Dieter Kirchlechner
Ein Film von Tom Toelle
Inhalt: Der 75jährige Brauereibesitzer Baron von Wolfsegg heiratet das 16jährige Bauernmädchen Rosa. Die Dorfbewohner fangen an zu tuscheln

Blut und Orchideen (2 Teile)
Filmdauer: 190 Min.
Darsteller: Kris Kristofferson, Jane Alexander, Madeline Stowe

Regie: Jerry Thorpe

Inhalt: Vier junge Hawaiianer sollen Ashley Murdoch, die Frau eines US-Offiziers, vergewaltigt haben. Captain Maddox kommen Zweifel, als einflußreiche Weiße seine Recherchen zu stören versuchen

Geheimbund der Rose (2 Teile)

Filmdauer: 179 Min.

Darsteller: Robert Mitchum, Peter Strauss, Connie Sellecca

Regie: Malvin J. Chomsky

Inhalt: Agententhriller um CIA-Vizechef John Eliot und seine beiden Agenten Saul Grisham und Chris Kilmoonie

Bolwieser (2 Teile)

Darsteller: Kurt Raab, Elisabeth Trissenaar, Bernd Helfrich, Karl-Heinz von Hassel

Regie: Rainer Werner Fassbinder

Inhalt: Bahnhofsvorsteher Max Bolwieser heiratet die Brauereibesitzertochter Hanni. Er wird ihr sexuell hörig. Bald darauf betrügt Hanni Max mit dem Gastwirt Merkl

Landschaft mit Dornen

Filmdauer: 90 Min.

Darsteller: Ben Becker, Sven Martinek

Regie: Bernd Böhlich

Inhalt: Ric und seine Motorradgang reagieren ihren Frust an Bankfilialleiter Rolf ab

Rosen für Afrika

Darsteller: Silvan-Pierre Leirich, Ursula Rosenberger

Ein Film von Sohrab S. Saless

Inhalt: Der Arbeiter Paul heiratet die Bürgerstochter Karola. Im Ehealltag treten die sozialen Unterschiede hervor. Paul schlägt seine Frau

Die Brut der schönen Seele

Filmdauer: 89 Min.

Darsteller: Arianne Borbach, Annett Renneberg

Regie: Rainer Behrend

Inhalt: Die 13jährige Antje ist sexuell mißbraucht worden. Kommissarin Carla Wall sucht den Täter

Heißer Verdacht (2 Teile)
Filmdauer: 203 Min.
Darsteller: Helen Mirren, Tom Bell
Regie: Chris Menaul
Inhalt: Thriller um einen Frauenmord in London

...und koste es das Leben (2 Teile)
Darsteller: Victoria Abril, Jorge Sanz
Regie: Vicente Aranda
Inhalt: Marian, eine selbstbewußte Frau, setzt sich im Spanischen Bürgerkrieg durch

Romamor
Filmdauer: 92 Min.
Darsteller: Joseph Morder, Francoise Michaud
Ein Film von Joseph Morder
Inhalt: Mark will seine Liebe zu Sandra erleben und gleichzeitig filmen

Der schöne Mann
Filmdauer: 100 Min.
Darsteller: Max Volkert Martens, Franziska Walser, Beate Jensen
Ein Film von Marianne Lüdcke
Inhalt: Ein Dressman gerät in die Midlife-Krise

Im Grunde meines Herzens bin ich Elektriker
Filmdauer: 80 Min.
Darsteller: Tobias Hoesl, Babs Feltus
Ein Film von Thomas Nennstiel, Claudia Steinberg-Heys und Heike Hanold
Inhalt: Der Berliner Holger bringt sein amerikanisches Traumgirl Wendy mit nach Berlin

Das Traumauto
Filmdauer: 85 Min.
Darsteller: Ralf Komorr, Josy T.

Regie: Hajo Gies

Inhalt: Der zurückhaltende Mathematikstudent Pit will der Sängerin Caro imponieren. Er glaubt, das wäre nur mit einem Traumauto zu schaffen

Das verratene Paradies

Filmdauer: 80 Min.

Darsteller: Bruno Cremer, Sylvie Orcier

Inhalt: Professor Franckh Sarnave lebt mit der jungen Rita auf einer einsamen Insel. Dort passiert Komisches, als eine Comtessa mit ihrem Gefolge auftaucht

Die Legion der Verdammten (2 Teile)

Filmdauer: 204 Min.

Darsteller: Lino Ventura, Franck David, Christiane Jean

Regie: Robert Hossein

Inhalt: Die Geschichte des Zuchthäuslers Jean Valjean

Erwin und Julia

Filmdauer: 90 Min.

Darsteller: Heinz Weixelbraun, Julia Stemberger

Regie: Götz Spielmann

Inhalt: Der Provinzler Erwin verliebt sich in die Kellnerin Karin

Made in Hollywood

Filmdauer: 50 Min.

Darsteller: Patricia Arquette, Ron Vawter

Ein Film von Bruce und Norman Yonemoto

Inhalt: Tammy möchte ein Hollywoodstar werden

Der Seewolf (4 Teile)

Filmdauer: 365 Min.

Darsteller: Edward Meeks, Raimund Harmstorf

Regie: Wolfgang Staudte

Inhalt: Der "Seewolf" Wolf Larsen und der Schriftsteller Humphrey van Weyden werden zu Todfeinden

Second hand

Filmdauer: 89 Min.

Darsteller: Jutta Speidel, Lisa Wolf, Alexander Radszun, Oliver Stritzel

Ein Film von Peter Stripp

Inhalt: Petra, Mitte 30 und Besitzerin eines Second-hand-Ladens, fehlt zum großen Glück nur noch ein Kind

Ekkehard

Filmdauer: 89 Min.

Darsteller: Gabriel Barylli, Zdena Studenkova

Regie: Diethard Klante

Inhalt: Im 10. Jahrhundert findet die schöne Witwe Hadwiga, Herzogin von Schwaben, Gefallen an dem intelligenten Mönch Ekkehard

Eine Liebe in Istanbul

Filmdauer: 105 Min.

Darsteller: Jale Arikan, Oliver Rohrbeck, Rolf Becker

Regie: Jürgen Haase

Inhalt: Horst, ein junger Hamburger, liebt die Türkin Nursim. Sie ist jedoch dem Türken Orhan als Ehefrau versprochen

Casanova

Filmdauer: 130 Min.

Darsteller: Richard Chamberlain, Ornella Muti, Faye Dunaway, Hanna Schygulla, Sylvia Kristel, Sophie Ward, Jean Pierre Cassel

Regie: Simon Langton

Inhalt: Episoden aus dem Leben des Casanova

Gewitter im Mai

Filmdauer: 91 Min.

Darsteller: Gabriel Barylli, Claudia Messner

Regie: Xaver Schwarzenberger

Inhalt: Der Seeoffizier verliebt sich bei einem Landgang in seine Jugendfreundin Regina. Sie hat sich dem Schmied Domini versprochen

Fallstudien

Filmdauer: 133 Min.

Darsteller: Barbara Morawiecz, Nina Hoger, Monica Bleibtreu, Michaela May
Regie: Hartmut Griesmayr
Inhalt: Erschütternde Geschichten aus dem "ältesten Gewerbe der Welt"

Liebesreise
Filmdauer: 90 Min.
Darsteller: Judith Rosmair, Dietrich Mattausch, Gila von Weitershausen
Ein Film von Sylvia Hoffman
Inhalt: Turbulente Suchaktion in Paris

Der Rest, der bleibt
Filmdauer: 89 Min.
Darsteller: Annekathrin Bürger, Alexander Höchst
Ein Film von Benno Fürneisen
Inhalt: Marianne, eine verheiratete Chansonsängerin Mitte 40, lernt den Drucker Robert, Mitte 20, kennen. Ihre Liebe scheitert an der Realität

Im Jahr der Schildkröte
Filmdauer: 95 Min.
Darsteller: Heinz Bennent, Karina Fallenstein
Regie: Ute Wieland
Inhalt: Ein 60jähriger Rentner und Witwer lernt eine 20jährige kennen

Ein Arzt der Hoffnung (2 Teile)
Filmdauer: 192 Min.
Darsteller: Vincent Gauthier, Emmanuelle Grange
Regie: René Allio
Inhalt: Simon Bertigny kämpft im Frankreich des 18. Jahrhunderts gegen Kurpfuscher

Don't look Back
Darsteller: Bob Dylan, Joan Baez, Donovan
Regie: Don Allen Pennebaker
Inhalt: D.A. Pennebaker porträtiert Bob Dylan

Der kleine Herr Friedemann
Filmdauer: 94 Min.

Darsteller: Ulrich Mühe, Maria von Bismarck
Ein Film von Peter Vogel
Inhalt: Der verkrüppelte Lübecker Kaufmann Friedemann verliebt sich in die unglücklich verheiratete Frau eines hohen Offiziers

Flieg, Vogel, flieg
Filmdauer: 84 Min.
Darsteller: Jaroslav Smid, Barbara Bobulova
Regie: Juraj Lihosit
Inhalt: Der 13jährige Gymnasiast Vojta verliebt sich in die gleichaltrige Kajka

Falschmünzer der Liebe (2 Teile)
Filmdauer: 172 Min.
Darsteller: Liv Ullmann, Peter Fonda, Sophie Ward, Laura Antonelli
Regie: Mauro Bolognini
Inhalt: Schürzenjäger ruiniert eine reiche Witwe

Der Mörder
Filmdauer: 103 Min.
Darsteller: Gerhard Olschewski, Johanna Liebeneiner, Marius Müller-Westernhagen
Regie: Ottokar Runze
Inhalt: Kleinstadtarzt Kuperus erschießt seine Frau und deren Liebhaber

Sommer in Lesmona
Filmdauer: 105 Min.
Darsteller: Katja Riemann, Benedict Freitag, Alexander Radszun, Gila von Weitershausen
Regie: Peter Beauvais
Inhalt: Marga Lürmann, Tochter einer angesehenen Kaufmannsfamilie, verliebt sich auf dem Landsitz Lesmona in ihren Vetter Percy

Das Phantom der Oper (2 Teile)
Filmdauer: 177 Min.
Darsteller: Burt Lancaster, Charles Dance, Teri Polo
Regie: Tony Richardson

Inhalt: Erik, das Phantom, entführt Christine in die Katakomben der Pariser Oper. Museumsdirektor Carrière kennt das Geheimnis des Phantoms

Steuergeheimnisse
Filmdauer: 99 Min.
Darsteller: Felix von Manteuffel, Hannelore Elsner
Regie: Frank Strecker
Inhalt: Kungeleien im Ressort der Finanzbeamten

Marx&Coca Cola (2 Teile)
Filmdauer: 120 Min.
Darsteller: Helmut Zierl, Birge Schade, Fiona Schwartz
Regie: Hartmut Griesmayr
Inhalt: Martin Bärwald, Grundstücksmakler aus Hamburg, lernt das Bauern-mädchen Anna kennen. Seine Freundin Patricia versucht alles, um ihren Freund zurückzugewinnen

Der Rausschmeißer
Filmdauer: 96 Min.
Darsteller: Claudia Messner, David Martin, Manfred Zapatka
Regie: Xaver Schwarzenberger
Inhalt: Das Flittchen Fanny möchte ihr Leben verändern

Heldenfrühling
Filmdauer: 115 Min.
Darsteller: Oliver Korittke, Gottfried Neuner, Franz Morak
Regie: Michael Kehlmann
Inhalt: Tragikomödie um blutjunge Soldaten im Zweiten Weltkrieg

Hemingway (4 Teile)
Filmdauer: 409 Min.
Darsteller: Stacy Keach, Marisa Berenson
Ein Film von Bernhard Sinkel
Inhalt: Das Leben des weltberühmten Schriftstellers Ernest Hemingway

Hausmänner
Filmdauer: 77 Min.

Darsteller: Peter Lohmeyer, Marita Marshall, Dani Levy, Martina Gedeck
Regie: Peter Timm
Inhalt: Mike und Paul übernehmen die Rolle der Hausmänner, während ihre Frauen für den Lebensunterhalt aufkommen

Mocca für den Tiger
Filmdauer: 100 Min.
Darsteller: Crescentia Dünßer, Max Tidof, Brigitte Janner
Regie: Thomas Nennstiel
Inhalt: Laura und Paul wollen ein Paar werden. Ihr Miteinanderleben gestaltet sich schwierig. Zu weit liegen ihre Erwartungen auseinander

Ein ungleiches Paar
Filmdauer: 85 Min.
Darsteller: Judy Winter, Diego Wallraff, Karl Michael Vogler, Maja Maranow, Rainer Hunold
Regie: Peter Keglevic
Inhalt: Vera, eine erfolgreiche Modedesignerin, hat ein Verhältnis mit dem 20 Jahre jüngeren mittellosen Carlo

Die Faust des Paten (2 Teile)
Filmdauer: 190 Min.
Darsteller: James Russo, Gianluca Favilla
Regie: Pino Passalacqua
Inhalt: Mafia und US-Armee machen gemeinsame Sache

Sansibar oder der letzte Grund
Filmdauer: 165 Min.
Darsteller: Peter Kremer, Cornelia Schmaus, Gisela Stein, Michael Gwisdek, Peter Sodann
Regie: Bernhard Wicki
Inhalt: Der Pastor der Hafenstadt Rerik bittet den Fischer Knudsen, eine Berlach-Figur vor den Nazis zu retten. Knudsen weigert sich zunächst. Als eine verfolgte jüdische Frau auftaucht, wissen beide, daß sie handeln müssen

Fremde, liebe Fremde
Filmdauer: 89 Min.

Darsteller: Meret Becker, Katharina Brauren, Marita Breuer
Regie: Jürgen Bretzinger
Inhalt: Step und Ali lieben sich. Sie wollen Rumänien verlassen und träumen von Jamaica

Blinde Leidenschaft
Filmdauer: 95 Min.
Darsteller: Claude-Oliver Rudolph, Erwin Grosche, Leslie Malton, Peter Fitz
Ein Film von Sven Severin
Inhalt: Komödie um Literatur und Liebe

Heimkehr
Filmdauer: 90 Min.
Ein Film von Gerlinde Böhm
Inhalt: Die Peruanerin Viki Aguilar kehrt nach einem Aufenthalt als Au-pair-Mädchen bei einer Familie in Berlin nach Peru zurück

Moffengriet – Liebe tut, was sie will
Filmdauer: 115 Min.
Darsteller: Annemarie Stehen, Konstantin Graudus
Regie: Eberhard Itzenplitz
Inhalt: Die 17jährige Holländerin Tiny verliebt sich 1943 in den deutschen Soldaten Bernd. Das hat fatale Folgen

Das Haus am Watt
Filmdauer: 98 Min.
Darsteller: Gudrun Landgrebe, Hannes Jaenicke, Hanns Zischler
Regie: Sigi Rothemund
Inhalt: Lena bringt ihren Ehemann und ihren Schwager um. Die Morde scheinen kein Motiv zu haben

Zwischen Himmel und Erde
Filmdauer: 100 Min.
Darsteller: Ralph Schicha, Andreas Seyferth, Katja Lauterbach
Regie: Ivan Slapeta
Inhalt: Die Dachdeckersöhne Fritz und Apollonius lieben dasselbe Mädchen. Fritz plant, seinen Bruder zu beseitigen

The Wall
Darsteller: Roger Waters, Ute Lemper, Bryan Adams, Sinead O'connor, Albert Finney, Scorpions, Cindy Lauper, Thomas Dolby, "The Band", Joni Mitchell
Inhalt: Das Super-Rock-Ereignis an der Berliner Mauer

Jane B. ...wie Birkin
Filmdauer: 94 Min.
Ein Film von Agnès Varda
Inhalt: Eigenwilliges Filmproträt von Agnès Varda über Jane Birkin

Michael Jackson
Inhalt: Konzert des Superstars in Bukarest
Band: Jennifer Batten (Gitarre), David Williams (Gitarre), Don Boyette (Baß), Ricky Lawson (Drums), Brad Buxer (Keyboards), Bryan Loren (Keyboards), und Chorsänger

Die Spur führt ins Verderben
Filmdauer: 95 Min.
Darsteller: Heinz Hoenig, Stephanie Philipp
Regie: Wolf Gremm
Inhalt: Der Literaturdozent Dudley Potter verliebt sich in die lebenshungrige Schauspielerin Annabel

Eine blaßblaue Frauenschrift (2 Teile)
Filmdauer: 242 Min.
Darsteller: Friedrich von Thun, Gabriel Barylli, Krystyna Janda, Friederike Kammer
Regie: Axel Corti
Inhalt: Wien 1936. Der hohe Beamte Leonidas Tachezy erhält einen Brief. Die Jüdin Vera, seine frühere Geliebte, erbittet Hilfe für ihren elfjährigen Jungen. Leonidas bangt um seine Karriere. Er hat einen Sohn mit einer Jüdin

Kalte Hölle
Filmdauer: 91 Min
Darsteller: Eric Roberts, Beverly D'Angelo
Regie: Matthew Chapman

Inhalt: Ein Journalist wird in eine Mordaffäre verstrickt

Die Römerin (2 Teile)

Filmdauer:180 Min.
Darsteller: Francesca Dellera, Gina Lollobrigida, Tony Lo Bianco, Giuseppe Pianviti, Pierre Cosso
Regie: Giuseppe Patroni Griffi
Inhalt: Die verführerische Adriana verliebt sich im Rom der 30er Jahre in den armen Schlucker Gino. Ihr Traum, Gino zu heiraten, platzt. Aus Verbitterung wird sie zur Straßendirne

Fesseln der Liebe

Filmdauer: 90 Min.
Darsteller: Kelly McGillis, Treat Williams
Regie: Larry Elikann
Inhalt: Rührende Romanze zwischen zwei schwachen Menschen

Wilder Westen inclusive (3 Teile)

Filmdauer: 310 Min.
Darsteller: Peter Striebeck, Krystyna Janda, Katja Studt
Regie: Dieter Wedel
Inhalt: Bruno reist mit seiner geschiedenen Frau und der gemeinsamen Tochter Carolin nach Amerika

Ex und hopp

Filmdauer: 85 Min.
Darsteller: Mario Adorf, Manfred Zapatka, Maja Maranow, Rainer Hunold, Claude-Oliver Rudolph, Désirée Nosbusch
Regie: Andy Bausch
Inhalt: Üble Machenschaften im Bierbrauergeschäft

Grenzenlose Leidenschaft (2 Teile)

Filmdauer: 180 Min.
Darsteller: Barbara Hershey, Morgan Weisser, Jane Alexander
Regie: Harry Winer

Inhalt: Die verheiratete Jimmie Sue Finger stiftet den 17jährigen Schüler Mike Kettman zum Mord an ihrem Ehemann an. Mikes Mutter Blanche kämpft um ihren Sohn

Eurocops – Evelyns Traum
Filmdauer: 50 Min.
Darsteller: Heiner Lauterbach, Claudia Messner, Peter Bongartz, Jürgen Vogel, Joachim Krol
Regie: Michael Mackenroth
Inhalt: Kommissar Dorn muß einen Doppelmord im Kölner Spielsalon "Babalu" aufklären. Die Kassiererin Evelyn scheint mehr zu wissen, als sie zugibt

.Mein Leben mit Elvis (2 Teile)
Darsteller: Susan Walters, Dale Midkiff
Regie: Larry Peerce
Inhalt: Das Leben der Priscilla Presley mit dem großen Rock-Idol

Ein Fall für zwei – Rosenhugos furchtbares Ende
Filmdauer: 60 Min.
Darsteller: Rainer Hunold, Claus Theo Gärtner, August Zirner, Katja Flint, Stephanie Philipp
Regie: Jörg Grünler
Inhalt: Der Rosenverkäufer Hugo wird von einem Auto angefahren und stirbt

Tatort – Spielverderber
Filmdauer: 90 Min.
Darsteller: Götz George, Eberhard Feik, Chiem van Houweninge
Regie: Pete Ariel
Inhalt: In Duisburg wird eine Dirne ermordet. Sie muß etwas über illegale Waffengeschäfte gewußt haben

Tatort - Rendezvous
Filmdauer: 90 Min.
Darsteller: Ulrike Folkerts, Michael Schreiner, Nele Müller-Stöfen, Jürgen Vogel, Heinz Hönig
Regie: Martin Gies

Inhalt: Zwei alleinstehende, wohlhabende Männer sind ausgeraubt und ermordet worden. Kommissarin Lena Odenthal nimmt sich die 18jährige Vicky näher unter die Lupe

Tatort – Zahn um Zahn

Filmdauer: 95 Min.
Darsteller: Götz George, Eberhard Feik, Ulrich Matschoss, Renan Demirkan, Rufus, Charles Brauer, Martin Lüttge
Regie: Hajo Gies
Inhalt: Alf Krüger bringt sich und seine Familie um, weil die Siedlung, in der sie wohnen, verkauft werden soll. Schimanski recherchiert

Tatort – Blutwurstwalzer

Filmdauer: 120 Min.
Darsteller: Günter Lamprecht, Hans Nitschke, Jürgen Vogel, Ralph Richter, Heinz Hönig
Regie: Wolfgang Becker
Inhalt: Rätselhafter Mord an einem jungen Mann

Tatort – Tod eines Mädchens

Filmdauer: 90 Min.
Darsteller: Manfred Krug, Charles Brauer, Helmut Zierl, Katja Studt, Katja Woywood
Regie: Jürgen Roland
Inhalt: Der 40jährige Thomas Bading gerät unter Mordverdacht. Bald darauf wird er selbst tot aufgefunden

Tatort – Bis zum Hals im Dreck

Filmdauer: 90 Min.
Darsteller: Götz George, Eberhard Feik, Chiem van Houweninge, Ilona Schulz, Peter Striebeck
Regie: Peter Carpentier
Inhalt: In einem Dorf bei Duisburg wird ein Tierarzt umgebracht

Tatort – Das Mädchen auf der Treppe

Darsteller: Götz George, Eberhard Feik, Günter Lamprecht, Anja Jaenicke
Regie: Peter Adam

Inhalt: Die Mutter der 17jährigen Katja ist ermordet worden. Schimanski liest sie vor seiner Haustür auf. Katja wird ebenfalls verfolgt

Tatort – Schimanskis Waffe
Filmdauer: 85 Min.
Darsteller: Götz George, Eberhard Feik, Chiem van Houwenige, Klaus J. Behrendt, Nina Petri, Martin Halm
Regie: Hans Noever
Inhalt: Schimanski will bei einem Überfall auf ein italienisches Restaurant helfen und erschießt im totalen Chaos aus Versehen seine Freundin Renate. Es stellt sich heraus, daß es um Geld und die Mafia geht

Tatort – Seven eleven
Filmdauer: 90 Min.
Darsteller: Michael Janisch, Sieghardt Rupp, Gerhard Roiss, Dorothea Parton
Regie: Kurt Junek
Inhalt: Die Polizei kämpft verbissen gegen Unterweltbosse

Tatort – Stoevers Fall
Filmdauer: 84 Min.
Darsteller: Manfred Krug, Charles Brauer, Walter Plathe, Jale Arikan, Horst Frank
Regie: Jürgen Roland
Inhalt: Brockmüller und Stoever ermitteln im Kiezmilieu

Tatort – Jagdrevier
Filmdauer: 95 Min.
Darsteller: Klaus Schwarzkopf, Wolf Roth, Jürgen Prochnow, Walter Buschhoff, Vera Gruber, Karl-Heinz von Hassel, Sieghardt Rupp
Regie: Wolfgang Petersen
Inhalt: Brodschella türmt aus dem Gefängnis. Er will Kresch, den er für den Tod seiner Freundin verantwortlich macht, zur Strecke bringen

Tatort – Zabou
Filmdauer: 100 Min.
Darsteller: Götz George, Claudia Messner, Eberhard Feik, Hannes Jaenicke
Regie: Hajo Gies

Inhalt: Schimanski möchte Zabou aus dem Sumpf aus Rauschgift und Kriminalität retten

Tatort – Der Fall Schimanski
Filmdauer: 90 Min.
Darsteller: Götz George, Eberhard Feik, Chiem van Houweninge, Maja Maranow, Armin Rohde, Alexander Radszun, Ulrich Matschoss
Regie: Hajo Gies
Inhalt: Schimanski gerät in eine Mordintrige

Tatort – Alles Palermo
Filmdauer: 89 Min.
Darsteller: Miro Nemec, Udo Wachtveitl, Ruth Drexel, Friedrich von Thun, Jacques Breuer, Veronica Ferres
Ein Film von Josef Rödl
Inhalt: Leitmayr und Batic müssen den Mord an einem Gärtnerei-Besitzer aufklären

Tatort – Falsche Liebe
Filmdauer: 94 Min.
Darsteller: Ulrike Folkerts, Michael Schreiner, Erika Skrotzki
Regie: Susanne Zanke
Inhalt: Die Kunsthistorikerin Yvonne Dormin verliebt sich in den 10 Jahre jüngeren Ex-Junkie Mathias Bechner. Kurz darauf ist Bechner tot. Die Leiche ist plötzlich unauffindbar

Die Bank ist nicht geschädigt
Filmdauer: 100 Min.
Darsteller: Fiona Schwartz, Zacharias Preen, Horst Bollmann, Vadim Glowna, Barbara Schöne
Regie: Hartmut Griesmayr
Inhalt: Krimi um Geld und die Liebe zu einem Ganoven

Die Schwarze von Panama
Filmdauer: 94 Min.
Darsteller: Tom Novembre, Fabienne Babe, Ibis Hernandez
Regie: Pierre Koralnik

Inhalt: Der Bergbauingenieur Roger Dupuche verliebt sich in Panama in die schöne Veronique

Anna (6 Teile)
Darsteller: Silvia Seidel, Patrick Bach, Joao, Ilse Neubauer, Eberhard Feik
Regie: Frank Strecker
Inhalt: Anna Pelzer hat großes Talent zum Tanzen. Eine Karriere als Ballerina steht bevor. Nach einem Unfall muß sie sich mühsam wieder herankämpfen. Ihr behinderter Freund Rainer ist ihr dabei eine große Hilfe

Via Mala (3 Teile)
Filmdauer: 275 Min.
Darsteller: Maruschka Detmers, Juraj Kukura, Milena Vukotic, Dominique Pinon, Sissy Höfferer, Fritz Eckhardt, Georg Marischka
Regie: Ennio Morricone
Inhalt: Der alte Jonas Lauretz macht seiner Familie das Leben zur Hölle. Sohn Niklaus, Tochter Hanna und die Mutter beschließen, den Vater zu töten. Nur Silvie, die schöne Tochter von Jonas Lauretz, die eine Liaison mit dem reichen Andreas von Richenau hat, hält sich raus

Giulia (11 Teile)
Darsteller: Tahnee Welch, Fabio Testi, Dalila di Lazzaro
Inhalt: Serie um Liebe, Leidenschaft und Eifersucht, in deren Mittelpunkt die Journalistin Giulia De Blasco steht

Dornenvögel (4 Teile)
Filmdauer: 470 Min.
Darsteller: Richard Chamberlain, Rachel Ward, Jean Simmons, Richard Kiley, Barbara Stanwyck
Regie: Daryl Duke
Inhalt: Der Geistliche Ralph de Bricassart verliebt sich in Meggie Cleary. Diese Liebe steht seinem Aufstieg in der kirchlichen Hierarchie im Wege

FILME, DIE SIE UNTER UMSTÄNDEN GESEHEN UND GLEICH WIEDER VER-GESSEN HABEN

VORSICHT, JETZT KOMMEN DIE SCHLECHTESTEN SEXFIL-ME ALLER ZEITEN!

Lüsterne Engel
Filmdauer: 54 Min.
Darsteller: Rolf Zigan, Christine Scharz
Regie: Bert Haid
Inhalt: Ein Fotomodell muß auf den Strich gehen, um ihren Mann vor dem finanziellen Ruin zu schützen

Heidi, Heida 1
Filmdauer: 83 Min.
Darsteller: Tanja Fielmann, Anna Hauser, Georg Fischer, Josef Hellmann
Regie: Gunter Otto
Inhalt: Geile Böcke vergreifen sich an Heidi

Alice – wild und unersättlich
Filmdauer: 73 Min.
Darsteller: Olinka Hardiman, Gabriel Pontello, Dany Berger
Regie: Michel Leblanc
Inhalt: Drei Pärchen treffen sich in einer verschneiten Skihütte zum Sex

Ich schenk dir meinen Körper
Filmdauer: 75 Min.
Darsteller: Olinka Hardiman, Gabriel Pontello, Linda Clair, Kathy Menard
Regie: Michel Leblanc
Inhalt: Natascha ist als Sex-Spionin unterwegs

Haus der Begierde
Filmdauer: 75 Min.

Darsteller: Olinka, Dominique Saint Clair, Gabriel Pontello

Regie: Michelle Leblanc

Inhalt: Die attraktive Claudine springt als zuckersüße Fee aus der Torte

Skandalöse Emanuelle

Filmdauer: 80 Min.

Darsteller: Jenny Tamburi, Laura Gemser

Regie: Joe d'Amato

Inhalt: Eine Arztfrau arbeitet zum Spaß in einem Bordell. Ihr Gatte sitzt hinter einem durchsichtigen Spiegel und schaut ihr zu

Die heißen Nächte der Josefine Mutzenbacher

Filmdauer: 90 Min.

Darsteller: Andra Werdien, Hans-Peter Kremser, Monika Zierer, Melitta Berger, Peter Strasser

Regie: Hans Billian

Inhalt: Josefine hat ein Bordell. Die Mädels dort haben ebenso wie ihre Kundschaft nur das eine im Kopf

Wenn Mädels heiß den Frühling spüren

Filmdauer: 60 Min

Darsteller: Olinka, Gabriel Pontello, Anthony Debray

Regie: Michel Leblanc

Inhalt: Was ist zu tun, wenn es Mädels heiß wird? Richtig. Sie davon zu überzeugen, daß es luftiger wird, wenn sie die Kleidung ablegen

Feuer unter ihrer Haut

Filmdauer: 93 Min.

Darsteller: Kevin Bernhard, Eva Camerys

Regie: Gerard Kikione

Inhalt: Ein junger Adonis hat mit sämtlichen Bewohnerinnen eines Schlosses Sex. Vom koketten Dienstmädchen bis zur Mutter von Kindern

Die Liebesschule der Josefine Mutzenbacher

Filmdauer: 90 Min.

Darsteller: Desirée Bernardy u.a.

Inhalt: Josefine Mutzenbacher führt ihre Liebesschülerinnen mit Bananen langsam heran, was es heißt, einem männlichen Penis zu begegnen

Josefine Mutzenbacher – Mein Leben für die Liebe
Filmdauer: 82 Min.
Darsteller: Sandra Nova, Ernst Kraus, Christine Tiefenthaler, Sigi Buchner
Regie: Gunter Otto
Inhalt: Josephine hat halt gerne Sex

Heiße Haut im Sommerwind
Filmdauer: 76 Min.
Darsteller: Kathy Menard, Gabriel Pontello, Marion Sicard
Regie: Michel Leblanc
Inhalt: Roland reißt gerne junge Mädchen auf

Schwarze Aphrodite
Filmdauer: 84 Min.
Darsteller: Ajita Wilson, Harry Stevens, Klay Half
Regie: Saul Filipstein
Inhalt: Pornostar Ajita Wilson kopuliert sich durch einen internationalen Waffenschieberring

Kaffeebraun und nymphoman
Filmdauer: 75 Min.
Darsteller: Ajita Wilson, Mireille Damien
Regie: Ilia Milonako
Inhalt: Ajita Wilson unternimmt etwas gegen ihre sexuelles Unbefriedigtsein

Rosalie – heiße Körper
Filmdauer: 60 Min.
Darsteller: Olinka Hardiman, Gabriel Pontello, Esther Allen, Silvio Bello
Regie: Michel Leblanc
Inhalt: Das junge Bauernmädchen Rosalie vögelt sich in der Stadtpraxis des Arztes Dr. Palmer gesund

Myriam – meine wilden Freuden
Filmdauer: 92 Min.

Darsteller: Bea Fiedler, Mario Pollak, Herbert Stiny, Eleanor Melzer, Susi Hermann
Regie: Lester C. Williams
Inhalt: Bea Fiedler freut sich über viele kernige Männer in ihrem Bettchen

Heiße Bräute auf der Schulbank

Filmdauer: 75 Min.
Darsteller: Sybille Sing, Eleonore Melzer, Uschi Karnat, Sepp Kneisel
Regie: Albert Naumann
Inhalt: Frühreife Früchtchen machen ihren Lehrer heiß

Junge Nymphen

Filmdauer: 78 Min.
Darsteller: Peter Kwapinski, Brigitte Verbeck
Regie: Gerard Kikoin
Inhalt: Auf der Insel Ibiza wird den ganzen lieben Tag lang Liebe gemacht

Ein Sommer voller Leidenschaft

Filmdauer: 61 Min.
Darsteller: Olinka Hardiman, Nathalie
Regie: Michel Leblanc
Inhalt: Der verheiratete Geschäftsmann Hugo treibt's mit zwei Gespielinnen an solch reizvollen Orten wie im Heu und auf dem Bootssteg

Marilyn – Geheimste Leidenschaften

Filmdauer: 69 Min.
Darsteller: Olinka Hardiman, Marilyn Jess, Gabriel Pontello
Regie: Michel Leblanc
Inhalt: Sexstar Olinka Hardiman in der Rolle der hinreißenden Gesangsattraktion Amour

Scharfe Girls auf Achse

Filmdauer: 80 Min.
Darsteller: Olinka Hardiman, Patricia Violet, Laura Clair
Regie: Michel Leblanc
Inhalt: Vier junge Pariser Freudenmädchen verlegen ihren Arbeitsplatz ins Freie, um der Sommerflaute des Gewerbes zu entgehen

Flotte Biester auf der Schulbank

Filmdauer: 70 Min.

Darsteller: Peter Steiner, Eleonore Melzer, Sandra Nova, Chris Parcer

Regie: Jean D. Lefpa

Inhalt: Die prüde Lehrerin Helga erbt den Erotik-Versandhandel "Novosex"

Die schwarze Nymphomanin (1.Teil)

Filmdauer: 80 Min.

Darsteller: Ajita Wilson, Ivan Stacciolini, Agnes Kalpagos

Regie: Albert Moore

Inhalt: Ajita Wilson, die privat angeblich mit 1500 Liebhabern im Bett oder sonstwo war, versackt als Reporterin im Luxus-Bordell

UND ZUM GUTEN SCHLUSS NOCH ZWEI LICHTBLICKE:

Sexsaison in Las Vegas

Filmdauer: 98 Min.

Darsteller: Annette Haven, Ronda Jo Patty

Regie: Mike Hunter

Inhalt: Aufwendiger Porno von Mike Hunter mit einer, man mags kaum glauben, richtigen Handlung. Eine äußerst attraktive Spezialagentin jagt in Las Vegas einen Frauenmörder. Die Spur führt sie durch verschiedene Betten. In der Wüste Nevadas macht ein Sex-Guru seine Anhänger mit Sexspielchen ganz benommen

Deep Throat

Filmdauer: 60 Min

Darsteller: Linda Lovelace, Harry Reems, Dolly Sharp, Billy Harrison, William Love, Carol Connors, Bob Philips

Regie: Jerry Gerard

Inhalt: Linda Helen kommt nie zum Orgasmus. Sie organisiert eine Orgie – doch ohne Erfolg. Dr. Young kommt dahinter, daß Lindas Klitoris in ihrer Kehle sitzt. Linda wird zum Testobjekt für Oralsex

DIE BESTEN SCHAUSPIELER DES 20.JAHRHUNDERTS

1. WEIBLICHE FILMSTARS VON A-Z

Abril, Victoria
Geboren am 04.07.1959 in Madrid
Nationalität: Französisch
Wichtigster Film: High Heels (1991)

Addams, Dawn
Geboren am 21.09.1930 in Felixtowe
Gestorben 1985
Nationalität: Britisch
Wichtigster Film: Wolken sind überall (1953)

Adjani, Isabelle
Geboren am 25.06.1955 in Paris
Nationalität: Französisch
Wichtigster Film: Camille Claudel (1988)

Aimée, Anouk
Geboren am 27.04.1932 in Paris
Nationalität: Französisch
Wichtigster Film: Lola, das Mädchen aus dem Hafen (1961)

Alfa, Michèle
Geboren am 20.08.1915 in Gujan-Mestras
Nationalität: Französich
Wichtigster Film: Der Graf von Monte Christo (1942)

Allen, Karen
Geboren am 05.10.1951 in Carolltown (Illinois)
Nationalität: Amerikanisch
Wichtigster Film: Jäger des verlorenen Schatzes (1980)

Allen, Nancy
Geboren am 24.06.1950 in New York
Nationalität: Amerikanisch
Wichtigster Film: Dressed to kill (1980)

Anicee, Alvina
Geboren am 28.01.1953
Nationalität: Französisch
Wichtigster Film: Ein Mann kommt in die Jahre (1978)

Andersson, Harriet
Geboren am 14.01.1932 in Stockholm
Nationalität: Schwedisch
Wichtigster Film: Die Zeit mit Monika (1953)

Andress, Ursula
Geboren am 19.03.1936 in Bern
Nationalität: Schweizerisch
Wichtigster Film: James Bond jagt Dr. No (1962)

Anémone
Geboren am 09.08.1950 in Paris
Nationalität: Französisch
Wichtigster Film: Am großen Weg (1987)

Angeli, Pier
Geboren am 19.06.1932 in Cagliari (Sardinien)
Gestorben am 10.09.1971
Nationalität: Italienisch
Wichtigster Film: The story of three lovers (1953)

Anglade, France
Geboren am 17.07.1943

Nationalität: Französisch
Wichtigster Film: Clémentine chérie (1963)

Antonelli, Laura
Geboren am 26.11.1941 in Pula
Nationalität: Italienisch
Wichtigster Film: Die Unschuld (1976)

Ardant, Fanny
Geboren am 22.03.1949 in Saumur
Nationalität: Französisch
Wichtigster Film: Die Frau von nebenan (1981)

Arden, Eve
Geboren am 30.04.1912 in Mill Valley (Kalifornien)
Nationalität: Amerikanisch
Wichtigster Film: Solange ein Herz schlägt (1945)

Arletty
Geboren am 15.05.1898 in Courbevoie
Gestorben am 23.07.1992
Nationalität: Französisch
Wichtigster Film: Kinder des Olymp (1943-45)

Arnoul, Francoise
Geboren am 03.06.1931 in Constantine, Argentinien
Nationalität: Französisch
Wichtigster Film: French Can-Can (1955)

Arthur, Jean
Geboren am 17.10.1905 in New York
Gestorben am 19.06.1991
Nationalität: Amerikanisch
Wichtigster Film: Stadtgespräch (1935)

Astor, Junie
Geboren am 21.12.1912 in Marseille
Gestorben 1967

Nationalität: Französisch
Wichtigster Film: Club de femmes (1937)

Astor, Mary
Geboren am 03.05.1906 in Quincy (Illinois)
Gestorben am 25.09.1987
Nationalität: Amerikanisch
Wichtigster Film: Die Spur des Falken (1941)

Auber, Brigitte
Geboren am 27.04.1928
Nationalität: Französisch
Wichtigster Film: Unter dem Himmel von Paris (1950)

Aubry, Cécile
Geboren am 03.08.1929 in Paris
Nationalität: Französisch
Wichtigster Film: Manon (1949)

Audran, Stéphane
Geboren am 02.11.1932 in Versailles
Nationalität: Französisch
Wichtigster Film: Zwei Freundinnen (1986)

Azéma, Sabine
Geboren am 20.09.1952 in Paris
Nationalität: Französisch
Wichtigster Film: Ein Sonntag auf dem Lande (1984)

Bacall, Lauren
Geboren am 16.09.1924 in New York
Nationalität: Amerikanisch
Wichtigster Film: Haben und Nichthaben (1944)

Baclanova, Olga
Geboren 1899 in Moskau
Nationalität: Amerikanisch
Wichtigster Film: Die Docks von New York (1928)

Baker, Carroll
Geboren am 28.05.1931 in Johnstown (Pennsylvania)
Nationalität: Amerikansich
Wichtigster Film: Baby doll (1956)

Balin, Mireille
Geboren am 20.07.1911 in Monte Carlo
Gestorben am 09.11.1968
Nationalität: Französisch
Wichtigster Film: Im Dunkel von Algier (1937)

Ball, Lucille
Geboren am 06.08.1911 in Jamestown (New York)
Gestorben am 26.04.1989
Nationalität: Amerikanisch
Wichtigster Film: Dance girl dance (1940)

Bardot, Brigitte
Geboren am 28.09.1934 in Paris
Nationalität: Französisch
Wichtigster Film: Und immer lockt das Weib (1956)

Barrault, Marie-Christine
Geboren am 21.03.1944 in Paris
Nationalität: Französisch
Wichtigster Film: Nacht bei Maud (1969)

Bartok, Eva
Geboren am 18.06.1926 in Budapest
Nationalität: Ungarisch
Wichtigster Film: Der rote Korsar (1952)

Basinger, Kim
Geboren am 08.12.1953 in Athens (Georgia)
Nationalität: Amerikanisch
Wichtigster Film: Neuneinhalb Wochen (1984)

Basler, Marianne
Geboren am 09.03.1964
Nationalität: Belgisch
Wichtigster Film: Rosa la rose (1985)

Baxter, Anne
Geboren am 07.05.1923 in Michigan City (Indiana)
Gestorben am 12.12.1985
Nationalität: Amerikanisch
Wichtigster Film: Alles über Eva

Baye, Nathalie
Geboren am 06.06.1948 in Mainneville
Nationalität: Französisch
Wichtigster Film: Die Verweigerung (1981)

Béart, Emmanuelle
Geboren am 14.08.1965 in Saint Tropez
Nationalität: Französisch
Wichtigster Film: Die schöne Querulantin (1991)

Bell, Marie
Geboren am 23.12.1900 in Bègles
Gestorben am 13.11.1985
Nationalität: Französisch
Wichtigster Film: Spiel der Erinnerung (1937)

Belli, Agostina
Geboren am 13.04.1947 in Mailand
Nationalität: Italienisch
Wichtigster Film: Der Duft der Frauen (1974)

Bening, Annette
Geboren am 29.05.1958 in Topeka (Kansas)
Nationalität: Amerikanisch
Wichtigster Film: Bugsy (1991)

Bennett, Joan
Geboren 1910 in Palisades (New Jersey)
Nationalität: Amerikanisch
Wichtigster Film: Gefährliche Begegnung (1944)

Berenson, Marisa
Geboren am 15.02.1947 in New York
Nationalität: Amerikanisch
Wichtigster Film: Tod in Venedig (1971)

Bergen, Candice
Geboren am 09.05.1946 in Beverly Hills (Kalifornien)
Nationalität: Amerikanisch
Wichtigster Film: Die Clique (1966)

Berger, Senta
Geboren am 13.05.1941 in Wien
Nationalität: Österreichisch
Wichtigster Film: Das Quiller Memorandum – Gefahr aus dem Dunkel
(1966)

Bergman, Ingrid
Geboren am 29.08.1915 in Stockholm
Gestorben am 29.08.1982
Nationalität: Schwedisch
Wichtigster Film: Casablanca (1942)

Bergner, Elisabeth
Geboren am 22.08.1897 in Drogobytsch (Galicien)
Gestorben am 12.05.1986
Nationalität: Britisch, Österreichisch
Wichtigster Film: Nju (1924)

Berto, Juliet
Geboren am 16.01.1947 in Grenoble
Gestorben 1990
Nationalität: Französisch

Wichtigster Film: Zwei oder drei Dinge, die ich von ihr weiß (1967)

Betti, Laura
Geboren am 01.05.1934 in Bologna
Nationalität: Italienisch
Wichtigster Film: Teorema – Geomatrie der Liebe (1968)

Binoche, Juliette
Geboren am 09.03.1964 in Paris
Nationalität: Französisch
Wichtigster Film: Die unerträgliche Leichtigkeit des Seins (1988)

Birkin, Jane
Geboren am 14.12.1947 in London
Nationalität: Britisch
Wichtigster Film: Blow up (1967)

Bisset, Jacqueline
Geboren am 13.09.1944 in Weybridge
Nationalität: Britisch
Wichtigster Film: Die amerikanische Nacht (1973)

Black, Karen
Geboren am 01.07.1942 in Park Ridge (Illinois)
Nationalität: Amerikanisch
Wichtigster Film: Cisco Pike (1971)

Blondell, Joan
Geboren am 13.08.1906 in New York
Gestorben am 25.12.1979
Nationalität: Amerikanisch
Wichtigster Film: Der öffentliche Feind (1931)

Bohringer, Romane
Geboren am 14.08.1973
Nationalität: Französisch
Wichtigster Film: L'accompagnatrice (1992)

Bonnaire, Sandrine
Geboren am 31.05.1967 in Paris
Nationalität: Französisch
Wichtigster Film: Vogelfrei (1985)

Bose, Lucia
Geboren am 28.01.1931 in Mailand
Nationalität: Italienisch
Wichtigster Film: Vendetta (1949)

Bouix, Evelyne
Geburtsdatum unbekannt
Nationalität: Französisch
Wichtigster Film: Bolero (1981)

Bouquet, Carole
Geboren am 18.08.1957 in Paris
Nationalität: Französisch
Wichtigster Film: James Bond – In tödlicher Mission (1981)

Bourgine, Elisabeth
Geboren 1957 in der Bretagne
Nationalität: Französisch
Wichtigster Film: Vive la sociale! (1983)

Brochet, Anne
Geboren 1966 in Amiens
Nationalität: Französisch
Wichtigster Film: Cyrano de Bergerac (1989)

Brooks, Louise
Geboren am 14.11. 1906 in Cherryvale, Kansas
Gestorben am 08.08.1985
Wichtigster Film: Die Büchse der Pandora (1929)

Calvet, Corinne
Geboren am 30.04.1925 in Paris
Nationalität: Französisch

Wichtigster Film: Blutige Diamanten (1949)

Capucine
Geboren am 06.01.1935 in Toulon
Gestorben am 17.03.1990
Nationalität: Französisch
Wichtigster Film: Der rosarote Panther (1964)

Cardinale, Claudia
Geboren am 15.04.1939 in Tunis
Nationalität: Italienisch
Wichtigster Film: Spiel mir das Lied vom Tod (1968)

Carol, Martine
Geboren am 16.05.1922 in Biarritz
Gestorben am 16.02.1967
Nationalität: Französisch
Wichtigster Film: Im Anfang war nur Liebe (1951)

Caron, Leslie
Geboren am 01.07.1931 in Boulogne-Billancourt (Paris)
Nationalität: Französisch
Wichtigster Film: Ein Amerikaner in Paris (1951)

Carrell, Dany
Geboren am 25.09.1935 in Tourane (Annam)
Nationalität: Französisch
Wichtigster Film: Das große Manöver (1955)

Carrera, Barbara
Geboren am 31.12.1945 in La Piedrecitas (Managua)
Nationalität: Amerikanisch
Wichtigster Film: Sag niemals nie (1983)

Casares, Maria
Geboren am 21.11.1922 in Coruna
Nationalität: Französisch
Wichtigster Film: Die Damen vom Bois de Boulogne (1945)

Cates, Phoebe
Geboren am 16.07.1964 in New York
Nationalität: Amerikanisch
Wichtigster Film: Gremlins – Kleine Monster (1984)

Caven, Ursula
Geboren am 03.08.1938 in Saarbrücken
Nationalität: Deutsch
Wichtigster Film: Liebe ist kälter als der Tod (1969)

Celarie, Clementine
Geboren 1950
Nationalität: Französisch
Wichtigster Film: Garcon! Kollege kommt gleich (1983)

Chaplin, Geraldine
Geboren am 31.07.1944 in Santa Monica (Kalifornien)
Nationalität: Amerikanisch
Wichtigster Film: Doktor Schiwago (1965)

Charisse, Cyd
Geboren am 08.03.1921 in Amarillo (Texas)
Nationalität: Amerikanisch
Wichtigster Film: Seidenstrümpfe (1957)

Cher
Geboren am 20.05.1946 in El Centro (Kalifornien)
Nationalität: Amerikanisch
Wichtigster Film: Mondsüchtig (1987)

Christie, Julie
Geboren am 14.04.1941 in Chukua (Assam, Indien)
Nationalität: Britisch
Wichtigster Film: Doktor Schiwago (1965)

Clayburgh, Jill
Geboren am 30.04.1944 in New York
Nationalität: Amerikanisch

Wichtigster Film: Auf ein Neues (1979)

Clement, Aurore
Geboren 1945 in Soissons
Nationalität: Französisch
Wichtigster Film: Paris, Texas (1984)

Close, Glenn
Geboren am 19.03.1947 in Greenwich (Connecticut)
Nationalität: Amerikanisch
Wichtigster Film: Eine verhängnisvolle Affäre (1987)

Collins, Joan
Geboren am 23.05.1933 in London
Nationalität: Amerikanisch
Wichtigster Film: Denver Clan (Serie)

Cummins, Peggy
Geboren 1925 in Prestatyn (Wales)
Nationalität: Britisch
Wichtigster Film: The late George Apley (1947)

Curtis, Jamie Lee
Geboren am 22.11.1958 in Los Angeles
Nationalität: Amerikanisch
Wichtigster Film: Ein Fisch namens Wanda (1988)

Daems, Marie
Geboren am 27.Januar 1928 in Paris
Nationalität: Französisch
Wichtigster Film: Die Luft von Paris (1954)

Dagover, Lil
Geboren am 30.09.1897 in Madiun (Java)
Gestorben am 23.Januar 1980
Nationalität: Deutsch
Wichtigster Film: Harakiri (1919)

Dahlbeck, Eva
Geboren am 08.03.1920 in Saltsjö-Duvnäs
Nationalität: Schwedisch
Wichtigster Film: Das Lächeln einer Sommernacht (1955)

Dalle, Beatrice
Geboren am 19.12.1964 in Brest
Nationalität: Französisch
Wichtigster Film: Betty Blue – 37,2 Grad am Morgen (1986)

Dana, Viola
Geboren am 28.06.1897 in New York
Gestorben: 1987
Nationalität: Amerikanisch
Wichtigster Film: The Flower of No Man's Land (1916)

Dandridge, Dorothy
Geboren am 09.11.1922 in Cleveland (Ohio)
Gestorben am 08.09.1965
Nationalität: Amerikanisch
Wichtigster Film: Tarzan und die Dschungelkönigin (1951)

Darc, Mireille
Geboren am 15.05.1938 in Toulon
Nationalität: Französisch
Wichtigster Film: Der große Blonde mit dem schwarzen Schuh (1972)

Darcey, Janine
Geboren 1920
Nationalität: Französisch
Wichtigster Film: Entrée des artistes (1938)

Darrieux, Danielle
Geboren am 01.05.1917
Nationalität: Französisch
Wichtigster Film: Mayerling (1937)

Davies, Marion
Geboren am 03.07.1897 in Brooklyn (New York)
Gestorben 1961
Nationalität: Amerikanisch
Wichtigster Film: Cecilia of the Pink Roses (1918)

Davis, Bette
Geburtsdatum unbekannt
Nationalität: Amerikanisch
Wichtigster Film: Alles über Eva (1950)

Davis, Geena
Geboren 1959 in Warcham (Massachusetts)
Nationalität: Amerikanisch
Wichtigster Film: Tootsie (1982)

Davis, Judy
Geboren 1955 in Perth
Nationalität: Australisch
Wichtigster Film: Meine brillante Karriere (1980)

Day, Doris
Geboren am 03.04.1924 in Cincinnati (Ohio)
Nationalität: Amerikanisch
Wichtigster Film: Der Mann, der zuviel wußte (1956)

Eggar, Samantha
Geboren am 05.03.1939 in Hampstead
Nationalität: Britisch
Wichtigster Film: Der Fänger (1965)

Eggerth, Marta
Geboren am 17.04.1912 in Budapest
Nationalität: Amerikanisch
Wichtigster Film: Die Bräutigamswitwe (1930)

Eichhorn, Lisa
Geboren am 04.02.1952 in Pennsylvania

Nationalität: Amerikanisch
Wichtigster Film: Yanks – Gestern waren wir noch Fremde (1979)

Ekberg, Anita
Geboren am 29.08.1931 in Malmö
Nationalität: Schwedisch
Wichtigster Film: Dolce Vita (1959)

Evans, Joan
Geboren 1934 in New York
Nationalität: Amerikanisch
Wichtigster Film: Auf des Schicksals Schneide (1950)

Fabian, Francoise
Geboren am 10.05.1933 in Touggourt bei Algier
Nationalität: Französisch
Wichtigster Film: Ein glückliches Jahr (1973)

Farmer, Frances
Geboren am 19.02.1913 in Seattle (Washington)
Gestorben am 01.01.1970
Nationalität: Amerikanisch
Wichtigster Film: Nimm, was du kriegen kannst (1936)

Farrow, Mia
Geboren am 09.02.1945 in Los Angeles
Nationalität: Amerikanisch
Wichtigster Film: Rosemaries Baby (1969)

Fawcett, Farrah
Geboren am 02.02.1947 in Corpus Christi (Texas)
Nationalität: Amerikanisch
Wichtigster Film: Drei Engel für Charlie (Serie)

Ferreol, Andrea
Geboren am 06.01.1947 in Aix-en-Provence
Nationalität: Französisch
Wichtigster Film: Das große Fressen (1973)

Ferjac, Anouk
Geboren am 25.05.1932 in Paris
Nationalität: Französisch
Wichtigster Film: Schatten der Vergangenheit (1946)

Feuillère, Edwige
Geboren am 29.10.1907 in Vesoul
Nationalität: Französisch
Wichtigster Film: Lucrezia Borgia (1935)

Field, Sally
Geboren am 06.11.1946 in Pasadena (Kalifornien)
Nationalität: Amerikanisch
Wichtigster Film: Norma Rae (1979)

Fisher, Carrie
Geboren am 21.10.1956
Nationalität: Amerikanisch
Wichtigster Film: Krieg der Sterne (1977)

Fleming, Rhonda
Geboren am 10.08.1922 in Los Angeles
Nationalität: Amerikanisch
Wichtigster Film: Ich kämpfe um dich (1945)

Fonda, Bridget
Geboren 1964
Nationalität: Amerikanisch
Wichtigster Film: Weiblich, ledig, jung sucht... (1992)

Fonda, Jane
Geboren am 21.12.1937 in New York
Nationalität: Amerikanisch
Wichtigster Film: Barbarella (1968)

Fontaine, Joan
Geboren am 22.10.1917 in Tokio (Japan)
Nationalität: Amerikanisch

Wichtigster Film: Rebecca (1940)

Fossey, Brigitte
Geboren am 11.03.1947 in Tourcoing
Nationalität: Französisch
Wichtigster Film: Le grand Meaulnes (1967)

Foster, Jody
Geboren am 19.11.1962 in Los Angeles
Nationalität: Amerikanisch
Wichtigster Film: Das Schweigen der Lämmer (1990)

Gabor, Zsa Zsa
Geboren am 06.02.1919 in Budapest
Nationalität: Amerikanisch
Wichtigster Film: Moulin Rouge (1953)

Gainsbourg, Charlotte
Geboren am 21.07.1971 in Paris
Nationalität: Französisch
Wichtigster Film: Die kleine Diebin (1988)

Gam, Rita
Geboren am 02.04.1928 in Pittsburgh
Nationalität: Amerikanisch
Wichtigster Film: Attila, der Hunnenkönig (1954)

Garbo, Greta
Geboren am 18.09.1905 in Stockholm
Gestorben am 15.04.1990
Nationalität: Schwedisch
Wichtigster Film: Ninotschka (1939)

Garcia, Nicole
Geboren am 22.04.1946 in Oran (Algerien)
Nationalität: Französisch
Wichtigster Film: Gefahr im Verzug (1985)

Gardner, Ava
Geboren am 24.12.1922 in Smithfield (Nordkarolina)
Nationalität: Amerikanisch
Wichtigster Film: Schnee am Kilimandscharo (1952)

George, Susan
Geboren am 26.07.1950 in London
Nationalität: Britisch
Wichtigster Film: Skandal bei Scotland Yard (1968)

Girardot, Annie
Geboren am 25.10.1931 in Paris
Nationalität: Französisch
Wichtigster Film: Rocco und seine Brüder (1960)

Goddard, Paulette
Geboren am 03.06.1911 in Great Neck (Long Island)
Gestorben am 24.04.1990
Nationalität: Amerikanisch
Wichtigster Film: Moderne Zeiten (1936)

Godreche, Judith
Geboren 1972
Nationalität: Französisch
Wichtigster Film: La désenchantée (1990)

Grable, Betty
Geboren am 18.12.1916 in Saint Louis
Nationalität: Amerikanisch
Wichtigster Film: Down Argentine Way (1940)

Grahame, Gloria
Geboren am 28.11.1925 in Los Angeles
Gestorben am 05.10.1982
Nationalität: Amerikanisch
Wichtigster Film: Blonde Fever (1944)

Greco, Juliette
Geboren am 07.02.1927 in Montpellier
Nationalität: Französisch
Wichtigster Film: Und keine blieb verschont (1953)

Griffith, Melanie
Geboren am 09.08.1957 in New York
Nationalität: Amerikanisch
Wichtigster Film: Gefährliche Freundin (1986)

Hannah, Daryl
Geboren 1961 in Chicago
Nationalität: Amerikanisch
Wichtigster Film: Splash – Jungfrau am Haken (1984)

Harlow, Jean
Geboren am 03.03.1911 in Kansas City (Missouri)
Nationalität: Amerikanisch
Wichtigster Film: Three Wise Girls (1932)

Harvey, Lilian
Geboren am 19.01.1907 in Hornsey (London)
Gestorben am 27.07.1968
Nationalität: Britisch
Wichtigster Film: Der Kongreß tanzt (1931)

Hawn, Goldie
Geboren am 21.11.1945 in Washington
Nationalität: Amerikanisch
Wichtigster Film: Die Kaktusblüte (1969)

Hayward, Susan
Geboren am 30.06.1918 in Brooklyn (New York)
Gestorben am 14.03.1975
Nationalität: Amerikanisch
Wichtigster Film: Laßt mich leben (1958)

Hayworth, Rita
Geboren am 17.10.1918 in New York
Gestorben am 14.05.1987
Nationalität: Amerikanisch
Wichtigster Film: König der Toreros (1941)

Hedren, Tippy
Geboren am 19.01.1935
Nationalität: Amerikanisch
Wichtigster Film: Die Vögel (1963)

Hemingway, Mariel
Geboren am 22.11.1961 in Ketchum (Idaho)
Nationalität: Amerikanisch
Wichtigste Filme: Manhattan (1979)

Hepburn, Audrey
Geboren am 04.05.1929 in Brüssel
Gestorben am 20.01.1993
Nationalität: Amerikanisch
Wichtigster Film: Frühstück bei Tiffany (1961)

Hepburn, Katharina
Geboren am 08.11.1907 in Hartford (Connecticut)
Nationalität: Amerikanisch
Wichtigster Film: Die Frau, von der man spricht (1942)

Hershey, Barbara
Geboren am 05.02.1948 in Hollywood
Nationalität: Amerikanisch
Wichtigster Film: Die Faust der Rebellen (Boxcar Bertha) (1972)

Hobson, Valerie
Geboren am 14.04.1917 in Larne (Irland)
Nationalität: Britisch
Wichtigster Film: Geheimnisvolle Erbschaft (1947)

Holliday, Judy
Geboren am 21.06.1921 in New York
Gestorben am 07.06.1965
Nationalität: Amerikanisch
Wichtigster Film: Die ist nicht von gestern (1950)

Hopkins, Miriam
Geboren am 18.10.1902 in Bainbridge (Georgia)
Gestorben am 09.10.1972
Nationalität: Amerikanisch
Wichtigster Film: Der lächelnde Leutnant (1931)

Horn, Camilla
Geboren am 25.04.1903 in Frankfurt am Main
Nationalität: Deutsch
Wichtigster Film: Faust (1926)

Horney, Brigitte
Geboren am 29.03.1911 in Berlin
Gestorben am 27.07.1988
Nationalität: Deutsch
Wichtigster Film: Savoy-Hotel 217 (1936)

Hunter, Helen
Geboren am 20.03.1958 in Conyers (Georgia)
Nationalität: Amerikanisch
Wichtigster Film: Das Piano (1993)

Huppert, Isabelle
Geboren am 16.03.1955 in Paris
Nationalität: Französisch
Wichtigster Film: Die Spitzenklöpplerin (1976)

Huston, Anjelica
Geburtsdatum unbekannt
Nationalität: Amerikanisch
Wichtigster Film: Die Ehre der Prizzis (1985)

Hutton, Betty
Geboren am 26.02.1921 in Battlecreek (Michigan)
Nationalität: Amerikanisch
Wichtigster Film: Incediary Blonde (1945)

Hutton, Lauren
Geboren am 17.11.1943 in Charleston (South Carolina)
Nationalität: Amerikanisch
Wichtigster Film: Stromer der Landstraße (1970)

Ireland, Jill
Geboren am 24.04.1936
Gestorben im Mai 1990
Nationalität: Britisch
Wichtigster Film: Kalter Hauch (1972)

Irving, Amy
Geboren am 10.09.1956 in New York
Nationalität: Amerikanisch
Wichtigster Film: Yentl (1983)

Jacob, Irene
Geboren 1968
Nationalität: Französich
Wichtigster Film: Auf Wiedersehen, Kinder (1987)

Jacobsson, Ulla
Geboren am 23.05.1929 in Mölendal
Nationalität: Schwedisch
Wichtigster Film: Sie tanzte nur einen Sommer (1951)

Jade, Claude
Geboren am 08.10.1948 in Dijon
Nationalität: Französisch
Wichtigster Film: Tisch und Bett (1971)

Janda, Krysztina
Geboren am 18.12.1952 in Starachowice

Nationalität: Polnisch
Wichtigster Film: Die Befragung (1990)

Jannot, Veronique
Geboren am 07.05.1957
Nationalität: Französisch
Wichtigster Film: Die Waffen des Teufels (1979)

Jobert, Marlene
Geboren am 04.11.1943 in Algier
Nationalität: Französisch
Wichtigster Film: Alexander, der Lebenskünstler (1968)

Jones, Jennifer
Geboren am 02.03.1919 in Tulsa (Oklahoma)
Nationalität: Amerikanisch
Wichtigster Film: Duell in der Sonne (1946)

Jurado, Kathy
Geboren am 16.01.1927 in Guadalajara
Nationalität: Mexikanisch
Wichtigster Film: Zwölf Uhr mittags (1952)

Kane, Carol
Geboren am 18.06.1952 in Cleveland (Ohio)
Nationalität: Amerikanisch
Wichtigster Film: Hester Street (1975)

Kaprisky, Valerie
Geboren am 19.08.1962 in Neuilly-sur-Seine
Nationalität: Französisch
Wichtigster Film: Die öffentliche Frau (1984)

Karina, Anna
Geboren am 22.09.1940 in Kopenhagen
Nationalität: Dänisch
Wichtigster Film: Eine Frau ist eine Frau (1961)

Keaton, Diane
Geboren am 05.01.1946 in Los Angeles
Nationalität: Amerikanisch
Wichtigster Film: Der Stadtneurotiker (1977)

Keeler, Ruby
Geboren am 25.08.1909 in Halifax (Kanada)
Nationalität: Amerikanisch
Wichtigster Film: Goldgräber (1933)

Keller, Marthe
Geboren am 28.01.1945 in Basel
Nationalität: Französisch
Wichtigster Film: Der Marathon-Mann (1976)

Kelly, Grace
Geboren am 12.11.1928 in Philadelphia
Gestorben am 14.09.1982
Nationalität: Amerikanisch
Wichtigster Film: Über den Dächern von Nizza (1955)

Kendall, Kay
Geboren 1927
Gestorben am 06.12.1959
Nationalität: Britisch
Wichtigster Film: London Town (1946)

Kensit, Patsy
Geboren 1968 in Hounslow (London)
Nationalität: Britisch
Wichtigster Film: Chicago Joe und das Showgirl (1989)

Kinski, Nastassja
Geboren am 24.01.1961 in Berlin
Nationalität: Deutsch
Wichtigster Film: Paris, Texas (1984)

Knef, Hildegard
Geboren am 28.12.1925 in Ulm
Nationalität: Deutsch
Wichtigster Film: Die Sünderin (1951)

Koscina, Sylva
Geboren am 22.08.1934 in Zagreb
Nationalität: Italienisch
Wichtigster Film: Gwendalina (1957)

Koch, Marianne
Geboren am 19.08.1931 in München
Nationalität: Deutsch
Wichtigster Film: Des Teufels General (1955)

Krahl, Hilde
Geboren am 10.01.1917 in Slavonski Brod (Kroatien)
Nationalität: Österreichisch
Wichtigster Film: Mädchenpensionat (1936)

Kristel, Sylvia
Geboren am 25.09.1952 in Utrecht
Nationalität: Französisch
Wichtigster Film: Emmanuelle (1972)

Kyo, Machiko
Geboren am 25.03.1924 in Osaka
Nationalität: Japanisch
Wichtigster Film: Rashomon – Das Lustwäldchen (1950)

L., Marie-Sophie
Geboren 1963
Nationalität: Französisch
Wichtigster Film: Der Löwe (1988)

Laffin, Dominique
Geboren am 03.06.1952 in Saint-Mandé
Gestorben 1985

Nationalität: Französisch
Wichtigster Film: Der süße Wahn (1977)

Lafont, Pauline
Geboren am 10.04.1963 in Nîmes
Gestorben 1988
Nationalität: Französisch
Wichtigster Film: Vincent mit l'âne dans un pré (1981)

Laforêt, Marie
Geboren am 05.10.1941 in Soulac-sur-Mer
Nationalität: Französisch
Wichtigster Film: Nur die Sonne war Zeuge (1959)

Lake, Veronika
Geboren am 14.11.1919 in Brooklyn (New York)
Gestorben am 07.07.1973
Nationalität: Amerikanisch
Wichtigster Film: Die Narbenhand (1942)

Lamarr, Hedy
Geboren am 09.11.1913 in Wien
Nationalität: Amerikanisch
Wichtigster Film: Ekstase – Symphonie der Liebe (1933)

Lamour, Dorothy
Geboren am 10.12.1914 in New Orleans
Nationalität: Amerikanisch
Wichtigster Film: ...dann kam der Orkan (1937)

Landgrebe, Gudrun
Geboren am 20.06.1950 in Göttingen
Nationalität: Deutsch
Wichtigster Film: Die flambierte Frau (1983)

Lange, Jessica
Geboren am 20.04.1949 in Cloquet (Minnesota)
Nationalität: Amerikanisch

Wichtigster Film: Wenn der Postmann zweimal klingelt (1981)

Lane, Diane
Geboren am 22.01.1965 in New York
Nationalität: Amerikanisch
Wichtigster Film: Cotton Club (1984)

Laure, Carole
Geboren am 05.08.1950 in Montreal (Quebec)
Nationalität: Kanadisch
Wichtigster Film: Maria Chapdelaine (1983)

Laurie, Piper
Geboren am 22.01.1932 in Detroit (Michigan)
Nationalität: Amerikanisch
Wichtigster Film: Haie der Großstadt (1961)

Lavi, Daliah
Geboren am 12.10.1942
Nationalität: Israelisch
Wichtigster Film: Lord Jim (1964)

Lazure, Gabrielle
Geboren am 28.04.1957 in Philadelphia (Pennsylvania)
Nationalität: Kanadisch/Amerikanisch
Wichtigster Film: Die schöne Gefangene (1983)

Lebrun, Francoise
Geburtsdatum unbekannt
Nationalität: Französisch
Wichtigster Film: Die Mama und die Hure (1973)

Leclerc, Ginette
Geboren am 09.02.1912 in Paris
Gestorben am 03.01.1992
Nationalität: Französisch
Wichtigster Film: Des andern Weib (1938)

Lee, Belinda
Geboren am 15.06.1935 in Budleigh Salteron (Devonshire)
Gestorben 1961
Nationalität: Britisch
Wichtigster Film: The Life with the Lyons (1953)

Leigh, Vivien
Geboren am 05.11.1913 in Darjeeling (Indien)
Gestorben am 07.07.1967
Nationalität: Britisch
Wichtigster Film: Vom Winde verweht (1939)

Loy, Myrna
Geboren am 02.08.1905 in Raidersburg (Montana)
Gestorben am 14.12.1993
Nationalität: Amerikanisch
Wichtigster Film: Mordsache "Dünner Mann" (1934)

Luchaire, Corinne
Geboren am 11.02.1921 in Paris
Gestorben 1950
Nationalität: Französisch
Wichtigster Film: Gefängnis ohne Gitter (1938)

MacGraw, Ali
Geboren am 01.04.1938 in Pound Ridge (New York)
Nationalität: Amerikanisch
Wichtigster Film: Love Story (1970)

MacDowell, Andie
Geboren 1959 in Gaffney (South Carolina)
Nationalität: Amerikanisch
Wichtigster Film: Sex, Lügen, Video (1989)

MacLaine, Shirley
Geboren am 24.04.1934 in Richmond (Virginia)
Nationalität: Amerikanisch

Wichtigster Film: Das Mädchen Irma La Douce (1963)

Madonna
Geboren am 16.08.1958 in Bad City (Michigan)
Nationalität: Amerikanisch
Wichtigster Film: Susan ...verzweifelt gesucht (1985)

Magnani, Anna
Geboren am 07.03.1908 in Alexandria (Ägypten)
Gestorben am 26.09.1973
Nationalität: Italienisch
Wichtigster Film: Die tätowierte Rose (1955)

Malone, Dorothy
Geboren am 30.01.1925 in Chicago
Nationalität: Amerikanisch
Wichtigster Film: In den Wind geschrieben (1956)

Manès, Gina
Geboren am 07.04.1893 in Paris
Gestorben am 06.09.1989
Nationalität: Französisch
Wichtigster Film: L'homme sans visage (1919)

Mangano, Silvana
Geboren am 21.04.1930 in Rom
Gestorben am 16.12.1989
Nationalität: Italienisch
Wichtigster Film: Bitterer Reis (1949)

Mansfield, Jayne
Geboren am 19.04.1933 in Bryn Mawr (Pennsylvania)
Gestorben am 29.06.1967
Nationalität: Amerikanisch
Wichtigster Film: Schlagerpiraten (1956)

Marceau, Sophie
Geboren 1966

Nationalität: Französisch
Wichtigster Film: Meine Nächte sind schöner als deine Tage (1989)

March, Jane
Geboren 1973
Nationalität: Amerikanisch
Wichtigster Film: Der Liebhaber (1991)

Margret, Ann
Geboren am 28.04.1941 in Valsjobyn
Nationalität: Amerikanisch
Wichtigster Film: Brutale Schatten (1972)

Martinelli, Elsa
Geboren am 13.01.1935 in Grosseto
Nationalität: Italienisch
Wichtigster Film: Das Reismädchen (1956)

Massari, Lea
Geboren am 30.06.1933 in Rom
Nationalität: Italienisch
Wichtigster Film: Herzflimmern (1971)

Masterson, Mary Stuart
Geboren am 28.06.1967
Nationalität: Amerikanisch
Wichtigster Film: Benny&Joon (1993)

Matlin, Marlee
Geboren 1966 in Morton Grove (Chicago)
Nationalität: Amerikanisch
Wichtigster Film: Gottes vergessene Kinder (1986)

Maura, Carmen
Geboren am 15.09.1945 in Madrid
Nationalität: Spanisch
Wichtigster Film: Frauen am Rande des Nervenzusammenbruchs (1988)

Maurey, Nicole
Geboren am 20.12.1925
Nationalität: Französisch
Wichtigster Film: Tagebuch eines Landpfarrers (1950)

May, Mathilda
Geboren am 08.02.1965 in Paris
Nationalität: Französisch
Wichtigster Film: Der Schrei der Eule (1986)

Mayo, Virginia
Geboren am 30.11.1920 in Saint-Louis
Nationalität: Amerikanisch
Wichtigster Film: Das Doppelleben des Herrn Mitty (1947)

McGillis, Kelly
Geboren am 09.07.1957 in Newport Beach (Kalifornien)
Nationalität: Amerikanisch
Wichtigster Film: Top Gun – Sie fürchten weder Tod noch Teufel (1986)

Mercier, Michelle
Geboren am 10.01.1939 in Nizza
Nationalität: Französisch
Wichtigster Film: Angélique (1967)

Mercouri, Melina
Geboren am 18.10.1923 in Athen
Nationalität: Griechisch
Wichtigster Film: Topkapi (1964)

Midler, Bette
Geboren am 01.12.1945 in Honolulu (Hawaii)
Nationalität: Amerikanisch
Wichtigster Film: The Rose (1979)

Mikael, Ludmilla
Geboren 1947
Nationalität: Französisch

Wichtigster Film: Vincent, Francois, Paul und die anderen (1974)

Miles, Sarah
Geboren am 31.12.1942 in Ingatestone (Essex)
Nationalität: Britisch
Wichtigster Film: Ryans Tochter (1970)

Michael, Marion
Geboren 1941
Nationalität: Deutsch
Wichtigster Film: Liane, das Mädchen aus dem Urwald

Miou-Miou
Geboren am 22.02.1950 in Paris
Nationalität: Französisch
Wichtigster Film: Die Ausgebufften (1973)

Molina, Angela
Geboren 1953 in Madrid
Nationalität: Spanisch
Wichtigster Film: Dieses obskure Objekt der Begierde (1977)

Monroe, Marilyn
Geboren am 01.06.1926 in Los Angeles
Gestorben am 05.08.1962
Nationalität: Amerikanisch
Wichtigster Film: Blondinen bevorzugt (1953)

Morgan, Michèle
Geboren am 29.02.1920 in Neuilly-sur-Seine
Nationalität: Französisch
Wichtigster Film: Hafen im Nebel (1938)

Montez, Maria
Geboren am 06.06.1918 in Bahanora (Hispaniola)
Gestorben am 15.09.1951
Nationalität: Amerikanisch
Wichtigster Film: Arabian Nights (1942)

Moore, Demi
Geboren am 11.11.1962 in New Mexico
Nationalität: Amerikanisch
Wichtigster Film: Ein unmoralisches Angebot (1993)

Moreau, Jeanne
Geboren am 23.01.1928 in Paris
Nationalität: Französisch
Wichtigster Film: Jules und Jim (1962)

Moreno, Rita
Geboren am 11.12.1931
Nationalität: Amerikanisch
Wichtigster Film: West Side Story (1961)

Mouchet, Catherine
Geburtsdatum unbekannt
Nationalität: Französisch
Wichtigster Film: Therese (1986)

Muti, Ornella
Geboren am 09.03.1955 in Rom
Nationalität: Italienisch
Wichtigster Film: Chronik eines angekündigten Todes (1986)

Nadeau, Claire
Geboren 1945
Nationalität: Französisch
Wichtigster Film: Der Blonde mit dem blauen Auge (1973)

Nat, Marie-Jose
Geboren am 20.04.1940 in Bonifacio (Korsika)
Nationalität: Französisch
Wichtigster Film: Les violons du bal (1974)

Neagle, Anna
Geboren am 05.10.1904 in Forestgate
Gestorben 1986

Nationalität: Britisch
Wichtigster Film: Goodnight Vienna (1932)

Neal, Patricia
Geboren am 20.01.1926 in Packard (Kentucky)
Nationalität: Amerikanisch
Wichtigster Film: Der Wildeste unter Tausend (1963)

Newton-John, Olivia
Geburtsdatum unbekannt
Nationalität: Amerikanisch
Wichtigster Film: Grease – Schmiere (1978)

Nilsson, Maj-Britt
Geboren 1924 in Stockholm
Nationalität: Schwedisch
Wichtigster Film: Einen Sommer lang (1951)

Noel, Magali
Geboren am 27.06.1932 in Smyrna (Türkei)
Nationalität: Französisch
Wichtigster Film: Das süße Leben (1960)

Novak, Kim
Geboren am 13.02.1933 in Chicago
Nationalität: Amerikanisch
Wichtigster Film: Große Lüge Lylah Clare (1968)

Ogier, Bulle
Geboren am 09.08.1939 in Boulogne-Billancourt
Nationalität: Französisch
Wichtigster Film: Amour fou (1967)

O'Hara, Maureen
Geboren am 17.08.1920 in Millwall (Dublin)
Nationalität: Amerikanisch
Wichtigster Film: Riffpiraten (1939)

Olin, Lena
Geboren 1955
Nationalität: Schwedisch
Wichtigster Film: Die unerträgliche Leichtigkeit des Seins (1987)

Ondra, Anny
Geboren am 15.05.1903 in Tarnow (Polen)
Nationalität: Deutsch
Wichtigster Film: Saxophon-Susie (1928)

O'Sullivan, Maureen
Geboren am 17.05.1911 in Boyle (Roscommon, Irland)
Nationalität: Amerikanisch
Wichtigster Film: Tarzan der Affenmensch (1932)

Ozeray, Madeleine
Geboren am 05.06.1910 in Bouillon-sur-Semois
Gestorben 1989
Nationalität: Belgisch
Wichtigster Film: Schuld und Sühne (1935)

Paget, Debra
Geboren am 19.08.1933 in Denver
Nationalität: Amerikanisch
Wichtigster Film: Der Tiger von Eschnapur (1958)

Pagnol, Jacqueline
Geboren 1926
Nationalität: Französisch
Wichtigster Film: Les ailes blanches (1942)

Palmer, Lilli
Geboren am 24.05.1914 in Posen
Gestorben am 27.01.1986
Nationalität: Deutsch
Wichtigster Film: Anastasia – die letzte Zarentochter (1956)

Pampanini, Silvana
Geboren am 25.09.1925 in Rom
Nationalität: Italienisch
Wichtigster Film: Der Turm der sündigen Frauen (1955)

Papas, Irene
Geboren am 03.09.1926 in Chiliomodion (Korinth)
Nationalität: Griechisch
Wichtigster Film: Alexis Sorbas (1964)

Paradis, Vanessa
Geboren am 22.12.1972
Nationalität: Französisch
Wichtigster Film: Weiße Hochzeit (1989)

Paredes, Marisa
Geboren am 03.04.1946 in Madrid
Nationalität: Spanisch
Wichtigster Film: High Heels (1991)

Parillaud, Anne
Geboren am 06.05.1960
Nationalität: Französisch
Wichtigster Film: Nikita (1989)

Parker, Eleanor
Geboren am 26.06.1922 in Pasadena
Nationalität: Amerikanisch
Wichtigster Film: Scaramouche, der galante Marquis (1952)

Parlo, Dita
Geboren am 04.09.1906 in Stettin
Gestorben am 13.09.1971
Nationalität: Deutsch
Wichtigster Film: Atalante (1934)

Perrier, Mireille
Geboren 1959 in Blois

Nationalität: Französisch
Wichtigster Film: Eine Welt ohne Mitleid (1989)

Pfeiffer, Michelle
Geboren am 29.04.1957 in Santa Ana (Kalifornien)
Nationalität: Amerikanisch
Wichtigster Film: Die fabelhaften Baker Boys (1989)

Piaf, Edith
Geboren am 19.12.1915 in Paris
Nationalität: Französisch
Wichtigster Film: Edith Piaf – Chanson der Liebe (1946)

Pisier, Marie-France
Geboren am 10.05.1944 in Dalat (Annam; heute: Vietnam)
Nationalität: Französisch
Wichtigster Film: Cousin, Cousine (1975)

Popesco, Elvire
Geboren am 10.05.1894 in Bukarest
Gestorben 1993
Nationalität: Französisch
Wichtigster Film: Meine Cousine aus Warschau (1931)

Powell, Eleanor
Geboren am 21.11.1912 in Springfield (Massachusetts)
Gestorben am 11.02.1982
Nationalität: Amerikanisch
Wichtigster Film: Broadway Melodie (1936)

Presle, Micheline
Geboren am 22.08.1922 in Paris
Nationalität: Französisch
Wichtigster Film: Stürmische Jugend (1947)

Prim, Suzy
Geboren am 11.11.1895 in Paris
Gestorben 1991

Wichtigster Film: Mon coeur et ses millions (1931)

Prucnal, Anna
Geburtsdatum unbekannt
Nationalität: Polnisch
Wichtigster Film: Die Stadt der Frauen (1979)

Rampling, Charlotte
Geboren am 05.02.1946 in Sturmer (Cambridgeshire)
Nationalität: Britisch
Wichtigster Film: Duell in Vaccares (1974)

Redgrave, Vanessa
Geboren am 30.01.1937 in Blackheath (London)
Nationalität: Britisch
Wichtigster Film: Blow up (1967)

Remick, Lee
Geboren am 14.12.1935 in Quincy (Massachusetts)
Nationalität: Amerikanisch
Wichtigster Film: Ein Gesicht in der Menge (1957)

Renant, Simone
Geboren am 19.03.1911 in Amiens
Nationalität: Französisch
Wichtigster Film: Unter falschem Verdacht (1948)

Reynolds, Debbie
Geboren am 01.04.1932 in El Paso (Texas)
Nationalität: Amerikanisch
Wichtigster Film: Du sollst mein Glücksstern sein (1952)

Richardson, Natasha
Geboren am 11.05.1963
Nationalität: Britisch
Wichtigster Film: Gothic (1986)

Riva, Emmanuelle

Geboren 1927 in Chenimenile
Nationalität: Französisch
Wichtigster Film: Hiroshima Mon Amour (1959)

Roberts, Julia

Geboren am 28.10.1968 in Smyrna (Georgia)
Nationalität: Amerikanisch
Wichtigster Film: Pretty Woman (1989)

Robin, Dany

Geboren am 14.03.1927 in Clamart (Paris)
Nationalität: Französisch
Wichtigster Film: Pforten der Nacht (1946)

Robinson, Madeleine

Geboren am 05.11.1916 in Paris
Nationalität: Französisch
Wichtigster Film: Schritte ohne Spur (1959)

Rökk, Marika

Geboren am 03.11.1913 in Kairo
Nationalität: Deutsch
Wichtigster Film: Kora Terry (1940)

Rogers, Ginger

Geboren am 16.07.1911 in Independence (Missouri)
Nationalität: Amerikanisch
Wichtigster Film: Ich tanz mich in dein Herz hinein (1935)

Rogers, Mimi

Geboren 1963
Nationalität: Amerikanisch
Wichtigster Film: Der Mann im Hintergrund (1987)

Rossellini, Isabella

Geboren am 18.05.1952 in Rom
Nationalität: Italienisch

Wichtigster Film: Blue Velvet (1986)

Rossi-Drago, Eleonora
Geboren am 23.09.1925 in Quinto (bei Genua)
Nationalität: Italienisch
Wichtigster Film: Die Freundinnen (1955)

Rouvel, Catherine
Geboren 1939 in Marseille
Nationalität: Französisch
Wichtigster Film: Das Frühstück im Grünen (1959)

Rowlands, Gena
Geboren am 19.06.1934 in Cambria (Wisconsin)
Nationalität: Amerikanisch
Wichtigster Film: Gloria, die Gangsterbraut (1980)

Russell, Jane
Geboren am 21.06.1921 in Bemidji (Minnesota)
Nationalität: Amerikanisch
Wichtigster Film: Blondinen bevorzugt (1953)

Ryan, Meg
Geboren am 19.11.1961 in Bethel (Connecticut)
Nationalität: Amerikanisch
Wichtigster Film: Harry und Sally (1989)

Ryder, Winona
Geboren 1973 in Winona (Minnesota)
Nationalität: Amerikanisch
Wichtigster Film: Edward mit den Scherenhänden (1990)

Saint, Eva-Marie
Geboren am 04.07.1924 in Newark (New Jersey)
Nationalität: Amerikanisch
Wichtigster Film: Der unsichtbare Dritte (1959)

Saint-Cyr, Renee
Geboren am 16.11.1907 in Beausoleil
Nationalität: Französisch
Wichtigster Film: Marie-Martine (1942)

Samoilowa, Tatjana
Geboren 1934 in Moskau
Nationalität: Russisch
Wichtigster Film: Wenn die Kraniche ziehen (1957)

Sanda, Dominique
Geboren am 11.03.1951 in Paris
Nationalität: Französisch
Wichtigster Film: Die Sanfte (1968)

Sandrelli, Stefania
Geboren am 05.06.1946 in Viareggio
Nationalität: Italienisch
Wichtigster Film: Scheidung auf italienisch (1961)

Sanson, Yvonne
Geboren 1926 in Saloniki (Griechenland)
Nationalität: Italienisch
Wichtigster Film: Wir sind alle Mörder (1952)

Saval, Dany
Geboren 1940 in Paris
Nationalität: Französisch
Wichtigster Film: Pariserinnen (1961)

Scacchi, Greta
Geboren am 18.02.1960 in Mailand
Nationalität: Britisch
Wichtigster Film: Salz auf unserer Haut (1992)

Schell, Maria
Geboren am 15.01.1926 in Wien
Nationalität: Schweizerisch

Wichtigster Film: Weisse Nächte (1957)

Schiaffino, Rosanna
Geboren am 25.11.1940 in Genua
Nationalität: Italienisch
Wichtigster Film: Die Herausforderung (1958)

Schneider, Magda
Geboren am 17.05.1909 in Augsburg
Nationalität: Deutsch
Wichtigster Film: Liebelei (1933)

Schneider, Romy
Geboren am 23.09.1938 in Wien
Nationalität: Französisch
Wichtigster Film: Sissi (1955)

Schygulla, Hanna
Geboren am 25.12.1943 in Kattowitz
Nationalität: Deutsch
Wichtigster Film: Lili Marleen (1981)

Scob, Edith
Geboren am 21.10.1937
Nationalität: Französisch
Wichtigster Film: Mit dem Kopf gegen die Wände (1958)

Seberg, Jean
Geboren am 13.11.1938 in Marshalltown (Iowa)
Gestorben am 08.09.1979
Nationalität: Französisch
Wichtigster Film: Außer Atem (1960)

Seigner, Emmanuelle
Geboren am 22.06.1966 in Paris
Nationalität: Französisch
Wichtigster Film: Bitter Moon (1992)

Sevilla, Ninon
Geboren am 25.07.1921 in Havanna
Nationalität: Mexikanisch
Wichtigster Film: Revancha (1948)

Seymour, Jane
Geboren am 15.02.1951 in London
Nationalität: Britisch
Wichtigster Film: Leben und sterben lassen (1973)

Seyrig, Delphine
Geboren am 10.04.1932 in Beirut
Gestorben am 15.10.1990
Nationalität: Französisch
Wichtigster Film: Letztes Jahr in Marienbad (1960)

Shearer, Norma
Geboren am 10.08.1900 in Montreal
Gestorben am 12.06.1983
Nationalität: Amerikanisch
Wichtigster Film: The Divorcee

Shelly, Adrienne
Geboren am 18.03.1974
Nationalität: Amerikanisch
Wichtigster Film: Verdacht auf Liebe (1989)

Shields, Brooke
Geboren am 31.05.1965 in New York
Nationalität: Amerikanisch
Wichtigster Film: Die blaue Lagune (1980)

Shimkus, Joanna
Geboren 1943
Nationalität: Kanadisch
Wichtigster Film: Paris vu par... (1964)

Sidney, Sylvia
Geboren am 08.08.1910
Nationalität: Amerikanisch
Wichtigster Film: Straßen der Großstadt (1931)

Signoret, Simone
Geboren am 25.03.1921 in Wiesbaden
Nationalität: Französisch
Wichtigster Film: Goldhelm (1952)

Simmons, Jean
Geboren am 31.01.1929 in Crouch Hill (London)
Nationalität: Britisch
Wichtigster Film: Engelsgesicht (1952)

Simon, Simone
Geboren am 23.04.1911 in Marseille
Nationalität: Französisch
Wichtigster Film: Katzenmenschen (1942)

Sologne, Madeleine
Geboren am 27.10.1912 in La Ferté-Imbault
Nationalität: Französisch
Wichtigster Film: Der ewige Bann (1943)

Sommer, Elke
Geboren am 06.11.1940 in Berlin
Nationalität: Deutsch
Wichtigster Film: Das Mädchen und der Staatsanwalt (1962)

Soral, Agnes
Geboren am 08.06.1960 in Grenoble
Nationalität: Französisch
Wichtigster Film: Am Rande der Nacht (1983)

Spaak, Catherine
Geboren am 03.04.1942 in Paris
Nationalität: Französisch

Wichtigster Film: La Noia (1963)

Spacek, Sissy
Geboren am 25.12.1949 in Quitman (Texas)
Nationalität: Amerikanisch
Wichtigster Film: Carrie – Des Satans jüngste Tochter (1976)

Stanwyck, Barbara
Geboren am 16.07.1907 in Brooklyn (New York)
Gestorben am 21.01.1990
Nationalität: Amerikanisch
Wichtigster Film: Frau ohne Gewissen (1944)

Streisand, Barbra
Geboren am 24.04.1942 in Brooklyn (New York)
Nationalität: Amerikanisch
Wichtigster Film: Yentl (1984)

Stewart, Alexandra
Geboren am 10.06.1939 in Montreal
Nationalität: Kanadisch
Wichtigster Film: Exodus (1960)

Stone, Sharon
Geboren 1958 in Meadville (Pennsylvania)
Nationalität: Amerikanisch
Wichtigster Film: Basic Instinct (1992)

Streep, Meryl
Geboren am 22.06.1949 in Summit (New Jersey)
Nationalität: Amerikanisch
Wichtigster Film: Jenseits von Afrika (1985)

Tate, Sharon
Geboren am 24.01.1943 in Dallas
Gestorben am 09.09.1969
Nationalität: Amerikanisch
Wichtigster Film: Tanz der Vampire (1967)

Taylor, Elizabeth
Geboren am 27.02.1932 in London
Nationalität: Amerikanisch
Wichtigster Film: Cleopatra (1963)

Thamar, Tilda
Geboren am 07.12.1921 in Buenos Aires
Gestorben am 12.04.1989
Nationalität: Argentinisch
Wichtigster Film: Adolescencia (1942)

Thompson, Emma
Geboren 1959
Nationalität: Britisch
Wichtigster Film: Wiedersehen in Howard's End (1991)

Thurman, Uma
Geboren 1971 in Boston
Nationalität: Amerikanisch
Wichtigster Film: Eiskalte Leidenschaft (1991)

Tierney, Gene
Geboren am 20.11.1920 in Brooklyn (New York)
Nationalität: Amerikanisch
Wichtigster Film: Laura (1944)

Trintignant, Marie
Geboren am 02.01.1962 in Paris
Nationalität: Französisch
Wichtigster Film: Eine Frauensache (1988)

Turner, Kathleen
Geboren am 19.06.1954 in Springfield (Missouri)
Nationalität: Amerikanisch
Wichtigster Film: Der Rosen-Krieg (1989)

Turner, Lana
Geboren am 08.02.1920 in Wallace (Idaho)

Nationalität: Amerikanisch
Wichtigster Film: Im Netz der Leidenschaften (1946)

Turner, Tina
Geboren am 26.02.1938
Nationalität: Amerikanisch
Wichtigster Film: Mad Max – Jenseits der Donnerkuppel (1985)

Ullman, Liv
Geboren am 16.12.1938 in Tokio
Nationalität: Norwegisch
Wichtigster Film: Szenen einer Ehe (1974)

Vlady, Marina
Geboren am 10.03.1938 in Clichy (Paris)
Nationalität: Französisch
Wichtigster Film: Die Bienenkönigin (1963)

Vitti, Monica
Geboren am 03.11.1933 in Rom
Nationalität: Italienisch
Wichtigster Film: Die mit der Liebe spielen (1960)

Valandrey, Charlotte
Geboren 1968 in Paris
Nationalität: Französisch
Wichtigster Film: Rote Küsse (1985)

Valli, Alida
Geboren am 03.05.1921 in Pola
Nationalität: Italienisch
Wichtigster Film: Sehnsucht (1954)

Wakao, Ayako
Geboren 1933 in Tokio
Nationalität: Japanisch
Wichtigster Film: Zwei Geishas (1953)

Welch, Raquel
Geboren am 05.09.1940 in Chicago
Nationalität: Amerikanisch
Wichtigster Film: König der heißen Rhythmen (1964)

West, Mae
Geboren am 17.08.1892 in New York
Gestorben am 22.11.1980
Nationalität: Amerikanisch
Wichtigster Film: Mein kleiner Gockel (1940)

Williams, Esther
Geboren am 08.08.1923 in Los Angeles
Nationalität: Amerikanisch
Wichtigster Film: Badende Venus (1944)

Wood, Natalie
Geboren am 20.07.1938 in San Francisco
Gestorben am 29.11.1981
Natioinalität: Amerikanisch
Wichtigster Film: Fieber im Blut (1961)

Wright, Teresa
Geboren am 27.10.1918 in New York
Nationalität: Amerikanisch
Wichtigster Film: Die kleinen Füchse (1941)

Wyman, Jane
Geboren am 04.01.1914 in St.Joseph (Missouri)
Nationalität: Amerikanisch
Wichtigster Film: Schweigende Lippen (1948)

Zabou
Geboren am 30.10.1959
Nationalität: Französisch
Wichtigster Film: Die Krise (1992)

Zetterling, Mai

Geboren am 24.05.1925 in Västeras
Nationalität: Schwedisch
Wichtigster Film: Frieda (1947)

2. MÄNNLICHE FILMSTARS VON A-Z

Albers, Hans
Geboren am 22.09.1892 in Hamburg-St.Georg
Gestorben am 24.07.1960
Nationalität: Deutsch
Wichtigster Film: Münchhausen (1943)

Allen, Woody
Geboren am 01.12.1935 in Brooklyn
Nationalität: Amerikanisch
Wichtigster Film: Stardust Memories (1980)

Anglade, Jean-Hugues
Geboren am 29.07.1955 in Deux-Sèvres
Nationalität: Französisch
Wichtigster Film: Betty Blue – 37,2 Grad am Morgen (1986)

Arditi, Pierre
Geboren am 01.12.1944 in Paris
Nationalität: Französisch
Wichtigster Film: Blaise Pascal (1972)

Astaire, Fred
Geboren am 10.05.1899 in Omaha (Nebraska)
Nationalität: Amerikanisch
Wichtigster Film: Ich tanz mich in dein Herz hinein (1935)

Auteuil, Daniel
Geboren am 24.01.1950 in Algier
Nationalität: Französisch
Wichtigster Film: Jean Florette (1986)

Banderas, Antonio
Geboren am 08.10.1960

Nationalität: Spanisch
Wichtigster Film: Matador (1985)

Barrault, Jean-Louis
Geboren am 08.09.1910 in Vésinet
Gestorben am 22.01.1994
Nationalität: Französisch
Wichtigster Film: Kinder des Olymp (1945)

Beatty, Warren
Geboren am 30.01.1937 in Richmond (Virginia)
Nationalität: Amerikanisch
Wichtigster Film: Bonnie und Clyde (1967)

Belmondo, Jean-Paul
Geboren am 09.04.1933 in Neuilly-sur-Seine
Nationalität: Französisch
Wichtigster Film: Außer Atem (1960)

Berger, Helmut
Geboren am 29.05.1944 in Bad Ischl
Nationalität: Österreichisch
Wichtigster Film: Ludwig II. (1972)

Böhm, Karl-Heinz
Geboren am 16.03.1928 in Darmstadt
Nationalität: Deutsch
Wichtigster Film: Augen der Angst (1959)

Bogarde, Dirk
Geboren am 28.03.1921 in London
Nationalität: Britisch
Wichtigster Film: Tod in Venedig (1970)

Bogart, Humphrey
Geboren am 23.01.1899 in New York
Gestorben am 17.01.1957
Nationalität: Amerikanisch

Wichtigster Film: Casablanca (1943)

Bowie, David
Geboren am 08.01.1947 in London
Nationalität: Britisch
Wichtigster Film: Ziggy Stardust (1973)

Boyd, Stephen
Geboren am 04.07.1928 in Glen Gormley
Gestorben 1977
Nationalität: Irisch
Wichtigster Film: ...denn keiner ist ohne Schuld (1965)

Brandauer, Klaus Maria
Geboren am 22.06.1944 in Bad Aussee
Nationalität: Österreichisch
Wichtigster Film: Mephisto (1981)

Brando, Marlon
Geboren am 13.04.1924 in Omaha (Nebraska)
Nationalität: Amerikanisch
Wichtigster Film: Der Pate (1972)

Brennan, Walter
Geboren am 25.07.1894 in Swampscott (Massachusetts)
Gestorben am 22.09.1974
Nationalität: Amerikanisch
Wichtigster Film: Red River (1948)

Bridges, Jeff
Geboren am 04.12.1949 in Los Angeles
Nationalität: Amerikanisch
Wichtigster Film: Die fabelhaften Baker Boys (1989)

Bridges, Lloyd
Geboren am 15.01.1913 in San Leandro (Kalifornien)
Nationalität: Amerikanisch
Wichtigster Film: Zwölf Uhr mittags (1952)

Broderick, Matthew
Geboren am 21.03.1962 in New York
Nationalität: Amerikanisch
Wichtigster Film: War Games – Kriegsspiele (1983)

Bronson, Charles
Geboren am 03.11.1921 in Ehrenfeld (Pennsylvania)
Nationalität: Amerikanisch
Wichtigster Film: Spiel mir das Lied vom Tod (1968)

Brynner, Yul
Geboren am 11.07.1915 auf der Insel Sachalin
Gestorben am 10.10.1985
Nationalität: Amerikanisch
Wichtigster Film: Die glorreichen Sieben (1960)

Buchholz, Horst
Geboren am 04.12.1933 in Berlin
Nationalität: Deutsch
Wichtigster Film: Die Halbstarken (1956)

Burton, Richard
Geboren am 10.11.1925 in Pontrhyd-y-fen (Glarmorgan, Wales)
Nationalität: Britisch
Wichtigster Film: Cleopatra (1963)

Cage, Nicolas
Geboren am 07.01.1964 in San Francisco
Nationalität: Amerikanisch
Wichtigster Film: Wild at Heart (1990)

Cagney, James
Geboren am 17.07.1899 in New York
Gestorben am 30.03.1986
Nationalität: Amerikanisch
Wichtigster Film: Der öffentliche Feind (1931)

Chamberlain, Richard
Geboren am 31.03.1935 in Beverly Hills (Kalifornien)
Nationalität: Amerikanisch
Wichtigster Film: Dornenvögel (1983)

Carrière, Mathieu
Geboren am 02.08.1950 in Hannover
Nationalität: Deutsch
Wichtigster Film: Der junge Törless (1965)

Clift, Montgomery
Geburtsdatum unbekannt
Nationalität: Amerikanisch
Wichtigster Film: Verdammt in alle Ewigkeit (1953)

Coburn, James
Geboren am 31.08.1928 in Laurel (Nebraska)
Nationalität: Amerikanisch
Wichtigster Film: Die glorreichen Sieben (1960)

Coluche
Geboren am 28.10.1944 in Paris
Gestorben am 19.06.1986
Nationalität: Französisch
Wichtigster Film: Am Rande der Nacht (1983)

Connery, Sean
Geboren am 25.08.1930 in Fountainbridge (Edinburgh)
Nationalität: Britisch
Wichtigster Film: Goldfinger (1964)

Constantine, Eddie
Geboren am 29.10.1917 in Los Angeles
Gestorben am 25.02.1993
Nationalität: Französisch
Wichtigster Film: Lemmy Caution gegen Alpha 60 (1965)

Cooper, Gary
Geboren am 07.05.1901 in Helena (Montana)
Gestorben um 1960
Nationalität: Amerikanisch
Wichtigster Film: Zwölf Uhr mittags (1952)

Costner, Kevin
Geboren am 18.01.1955 in Los Angeles
Nationalität: Amerikanisch
Wichtigster Film: Der mit dem Wolf tanzt (1990)

Coyote, Peter
Geboren 1942 in San Francisco
Nationalität: Amerikanisch
Wichtigster Film: Bitter Moon (1992)

Cremer, Bruno
Geboren am 06.10.1929 in Saint-Mandé
Nationalität: Französisch
Wichtigster Film: Maigret

Curtis, Tony
Geboren am 03.06.1925 in The Bronx, New York
Nationalität: Amerikanisch
Wichtigster Film: Spartacus (1960)

Dalton, Timothy
Geboren am 21.03.1946 in Colwyn Bay (Wales)
Nationalität: Britisch
Wichtigster Film: Lizenz zum Töten (1989)

Day-Lewis, Daniel
Geboren 1958 in London
Nationalität: Britisch
Wichtigster Film: Der letzte Mohikaner (1992)

Dean, James
Geboren am 08.02.1931 in Marion (Indiana)

Nationalität: Amerikanisch
Wichtigster Film: Denn sie wissen nicht, was sie tun (1955)

De la Brosse, Simon
Geburtsdatum unbekannt
Nationalität: Französisch
Wichtigster Film: Pauline am Strand (1983)

Delon, Alain
Geboren 1935
Nationalität: Französisch
Wichtigster Film: Der eiskalte Engel (1967)

De Niro, Robert
Geboren am 17.08.1943 in New York
Nationalität: Amerikanisch
Wichtigster Film: Wie ein wilder Stier (1980)

Depardieu, Gerard
Geboren am 27.12.1948 in Chateauroux
Nationalität: Französisch
Wichtigster Film: Der Loulou (1980)

Depp, Johnny
Geboren 1963
Nationalität: Amerikanisch
Wichtigster Film: Arizona Dream (1993)

Dewaere, Patrick
Geboren am 26.01.1947 in Saint-Brieuc
Gestorben am 16.07.1982
Nationalität: Französisch
Wichtigster Film: Der Richter, den sie Sheriff nannten (1976)

Dillon, Matt
Geburtsdatum unbekannt
Nationalität: Amerikanisch
Wichtigster Film: Rumble Fish (1983)

Douglas, Kirk
Geboren am 09.12.1916 in Amstardam (New York)
Nationalität: Amerikanisch
Wichtigster Film: Spartacus (1960)

Douglas, Michael
Geboren am 25.09.1944 in New Brunswick (New Jersey)
Nationalität: Amerikanisch
Wichtigster Film: Basic Instinct (1992)

Eastwood, Clint
Geboren am 31.05.1930 in San Francisco
Nationalität: Amerikanisch
Wichtigster Film: Dirty Harry (1972)

Elam, Jack
Geboren am 15.11.1916 in Phoenix (Arizona)
Nationalität: Amerikanisch
Wichtigster Film: Spiel mir das Lied vom Tod (1968)

Everett, Rupert
Geboren 1960
Nationalität: Britisch
Wichtigster Film: Chronik eines angekündigten Todes (1986)

Ewell, Tom
Geboren 1909
Nationalität: Amerikanisch
Wichtigster Film: Das verflixte siebente Jahr (1955)

Falk, Peter
Geboren am 16.09.1927 in New York
Nationalität: Amerikanisch
Wichtigster Film: Inspektor Columbo (Serie)

Fischer, O.W.
Geboren am 01.04.1915 in Klosterneuburg (Österreich)
Nationalität: Österreichisch

Wichtigster Film: Erzherzog Johanns große Liebe (1950)

Flynn, Errol
Geboren am 20.06.1909 in Hobart (Tasmanien)
Gestorben am 14.10.1959
Nationalität: Amerikanisch
Wichtigster Film: Robin Hood – König der Vagabunden (1938)

Fonda, Henry
Geboren am 16.05.1905 in Grand Island
Gestorben am 12.08.1982
Nationalität: Amerikanisch
Wichtigster Film: Spiel mir das Lied vom Tod (1968)

Fonda, Peter
Geboren am 23.02.1939 in New York
Nationalität: Amerikanisch
Wichtigster Film: Easy Rider (1969)

Ford, Glenn
Geboren am 01.05.1916 in Quebec
Nationalität: Amerikanisch
Wichtigster Film: Saat der Gewalt (1955)

Ford, Harrison
Geboren am 13.07.1942 in Chicago
Nationalität: Amerikanisch
Wichtigster Film: Indiana Jones und der Tempel des Todes (1984)

Fox, Michael J.
Geboren am 09.06.1964 in Edmonton (Alberta)
Nationalität: Kanadisch
Wichtigster Film: Zurück in die Zukunft (1985)

Frey, Samy
Geboren am 13.10.1937 in Paris
Nationalität: Französisch
Wichtigster Film: César und Rosalie (1972)

Gabin, Jean

Geboren am 17.05.1904 in Mériel
Gestorben am 15.11.1976
Nationalität: Französisch
Wichtigster Film: Bestie Mensch (1938)

Gable, Clark

Geboren am 01.02.1901 in Cadiz (Ohio)
Gestorben am 16.11.1960
Nationalität: Amerikanisch
Wichtigster Film: Vom Winde verweht (1939)

Garcia, Andy

Geboren am 02.04.1956 in Havanna
Nationalität: Amerikanisch
Wichtigster Film: Der Pate III (1990)

Garner, James

Geboren am 07.04.1928 in Norman (Oklahoma)
Nationalität: Amerikanisch
Wichtigster Film: Detektiv Rockford – Anruf genügt (Serie)

Gere, Richard

Geboren am 29.08.1949 in Philadelphia
Nationalität: Amerikanisch
Wichtigster Film: Pretty Woman (1990)

Granger, Stewart

Geboren am 06.05.1913 in London
Gestorben 1993
Nationalität: Amerikanisch
Wichtigster Film: Scaramouche, der galante Marquis (1952)

Grant, Cary

Geboren am 18.01.1904 in Bristol
Gestorben am 30.11.1986
Nationalität: Amerikanisch

Wichtigster Film: Der unsichtbare Dritte (1959)

Hanks, Tom
Geboren am 09.07.1956 in Oakland (Kalifornien)
Nationalität: Amerikanisch
Wichtigster Film: Forrest Gump (1994)

Hemmings, David
Geboren am 18.11.1941 in Guildford (Surrey)
Nationalität: Britisch
Wichtigster Film: Blow up (1966)

Hill, Terence
Geboren am 29.03.1938 in Venedig
Nationalität: Italienisch
Wichtigster Film: Vier Fäuste für ein Halleluja (1971)

Hudson, Rock
Geboren am 17.11.1925 in Winnetka (Illinois)
Gestorben am 02.10.1985
Nationalität: Amerikanisch
Wichtigster Film: Bettgeflüster (1959)

Irons, Jeremy
Geboren am 19.09.1948 in Cowes (Isle of Wight)
Nationalität: Britisch
Wichtigster Film: Eine Liebe von Swann (1984)

Johnson, Don
Geboren am 15.12.1949 in Flat Creek (Missouri)
Nationalität: Amerikanisch
Wichtigster Film: Miami Vice (Serie)

Jürgens, Curd
Geboren am 13.12.1915 in München
Gestorben am 18.06.1982
Nationalität: Deutsch
Wichtigster Film: Des Teufels General (1955)

Kilmer, Val
Geburtsdatum unbekannt
Nationalität: Amerikanisch
Wichtigster Film: The Doors (1990)

Kinski, Klaus
Geboren am 18.10.1926 in Zoppot
Gestorben am 23.11.1991
Nationalität: Deutsch
Wichtigster Film: Fitzcarraldo (1981)

Kristofferson, Kris
Geboren am 22.06.1936 in Brownsville
Nationalität: Amerikanisch
Wichtigster Film: Heaven's Gate (1980)

Krüger, Hardy
Geboren am 12.04.1928 in Berlin
Nationalität: Deutsch
Wichtigster Film: Der Flug der Phönix (1965)

Lambert, Christopher
Geboren am 29.03.1957 in New York
Nationalität: Französisch
Wichtigster Film: Highlander – Es kann nur einen geben (1986)

Lancaster, Burt
Geboren am 02.11.1913 in East Harlem
Gestorben am 21.10.1994
Nationalität: Amerikanisch
Wichtigster Film: Trapez (1956)

Laurel, Stan
Geboren am 16.06.1890 in Ulverston (Lancashire)
Gestorben am 23.02.1965
Nationalität: Amerikanisch
Wichtigster Film: Dick und Doof

Lee, Brandon
Geboren am 01.02.1965 in Seattle (Washington)
Gestorben am 01.04.1993
Nationalität: Amerikanisch
Wichtigster Film: Kung Fu – Der Film (1985)

Lhermitte, Thierry
Geboren am 24.11.1952 in Boulogne-Billancourt
Nationalität: Französisch
Wichtigster Film: Liebe ohne Ausweg (1985)

Lowe, Rob
Geboren am 17.03.1964 in Charlotteville (Virginia)
Nationalität: Amerikanisch
Wichtigster Film: Bodycheck (1985)

Lundgren, Dolph
Geboren am 03.11.1959 in Stockholm
Nationalität: Schwedisch
Wichtigster Film: Rocky 4 – Der Kampf des Jahrhunderts (1985)

Mastroianni, Marcello
Geboren 1924 in Fontana Liri (Latium)
Gestorben am 19.12.1996 in Paris
Nationalität: Italienisch
Wichtigster Film: La dolce vita (1960)

McQueen, Steve
Geboren am 24.03.1930 in Slater (Missouri)
Gestorben am 07.11.1980
Nationalität: Amerikanisch
Wichtigster Film: Getaway (1972)

Mezzogiorno, Vittorio
Geboren am 16.12.1941 in Neapel
Nationalität: Italienisch
Wichtigster Film: Allein gegen die Mafia (Serie)

Mitchum, Robert
Geburtsdatum unbekannt
Nationalität: Amerikanisch
Wichtigster Film: Fluß ohne Wiederkehr (1954)

Montand, Yves
Geboren am 13.10.1921 in Monsumano Alto
Nationalität: Französisch
Wichtigster Film: Machen wir's in Liebe (1960)

Moore, Roger
Geboren am 14.10.1928 in Stochwell (South London)
Nationalität: Britisch
Wichtigster Film: Leben und sterben lassen (1973)

Nicholson, Jack
Geboren am 22.04.1937 in Neptune (New Jersey)
Nationalität: Amerikanisch
Wichtigster Film: Wenn der Postmann zweimal klingelt (1981)

Noiret, Philippe
Geboren am 01.10.1931 in Lille
Nationalität: Französisch
Wichtigster Film: Das große Fressen (1971)

Nolte, Nick
Geboren am 08.02.1941 in Omaha (Nebraska)
Nationalität: Amerikanisch
Wichtigster Film: Die Straße der Ölsardinen (1982)

Norris, Chuck
Geboren am 10.03.1940 in Ryan (Oklahoma)
Nationalität: Amerikanisch
Wichtigster Film: Die Todeskralle schlägt wieder zu (1973)

Oldman, Gary
Geboren am 21.03.1958 in New Cross (London)
Nationalität: Britisch

Wichtigster Film: Bram Stoker's Dracula (1992)

Pacino, Al
Geboren am 25.04.1940 in New York
Nationalität: Amerikanisch
Wichtigster Film: Sea of Love – Melodie des Todes (1990)

Peck, Gregory
Geboren am 05.04.1916 in La Jolla (Kalifornien)
Nationalität: Amerikanisch
Wichtigster Film: Arabeske (1966)

Philipe, Gérard
Geboren am 04.12.1922 in Cannes
Gestorben am 25.11.1959
Nationalität: Französisch
Wichtigster Film: Fanfan, der Husar (1952)

Phoenix, River
Geboren am 23.08.1970 in Madras (Oregon)
Gestorben am 31.10.1993
Nationalität: Amerikanisch
Wichtigster Film: Stand by me – Das Geheimnis eines Sommers (1986)

Piccoli, Michel
Geboren am 27.12.1925 in Paris
Nationalität: Französisch
Wichtigster Film: Das große Fressen (1971)

Placido, Michele
Geboren am 19.05.1946 in Ascoli Satriano
Nationalität: Italienisch
Wichtigster Film: Allein gegen die Mafia (Serie)

Presley, Elvis
Geboren am 08.01.1935 in Tupelo (Mississippi)
Gestorben am 16.08.1977
Nationalität: Amerikanisch

Wichtigster Film: Rhythmus hinter Gittern (1958)

Quinn, Anthony
Geboren am 21.04.1915 in Chihuahua
Gestorben 2001
Nationalität: Amerikanisch
Wichtigster Film: Alexis Sorbas (1964)

Redford, Robert
Geboren am 18.08.1937 in Santa Monica (Kalifornien)
Nationalität: Amerikanisch
Wichtigster Film: Jenseits von Afrika (1985)

Reeves, Keanu
Geboren am 02.09.1964 in Beirut
Nationalität: Amerikanisch
Wichtigster Film: My private Idaho (1991)

Rourke, Mickey
Geboren am 16.09.1956 in Schenectady (New York)
Nationalität: Amerikanisch
Wichtigster Film: Neuneinhalb Wochen (1985)

Rühmann, Heinz
Geboren am 07.03.1902 in Essen
Gestorben 1994
Nationalität: Deutsch
Wichtigster Film: Die Feuerzangenbowle (1944)

Sands, Julian
Geboren 1958 in London
Nationalität: Britisch
Wichtigster Film: Nachtsonne (1990)

Schell, Maximilian
Geboren am 08.12.1930 in Wien
Nationalität: Österreichisch
Wichtigster Film: Das Urteil von Nürnberg (1961)

Schwarzenegger, Arnold
Geboren am 30.07.1947 in Graz
Nationalität: Amerikanisch
Wichtigster Film: Der Terminator (1984)

Selleck, Tom
Geboren am 29.01.1945 in Detroit (Michigan)
Nationalität: Amerikanisch
Wichtigster Film: Magnum (Serie)

Sharif, Omar
Geboren am 10.04.1932 in Alexandria
Nationalität: Ägyptisch
Wichtigster Film: Dr. Schiwago (1965)

Sheen, Charlie
Geboren am 03.09.1965 in New York
Nationalität: Amerikanisch
Wichtigster Film: Platoon (1986)

Sheen, Martin
Geboren am 03.08.1940 in Dayton (Ohio)
Nationalität: Amerikanisch
Wichtigster Film: Apocalypse Now (1979)

Sinatra, Frank
Geboren am 12.12.1915 in Hoboken (New Jersey)
Nationalität: Amerikanisch
Wichtigster Film: Verdammt in alle Ewigkeit (1953)

Slater, Christian
Geboren am 18.08.1969 in New York
Nationalität: Amerikanisch
Wichtigster Film: Real Love (1993)

Souchon, Alain
Geboren am 27.05.1945 in Paris
Nationalität: Französisch

Wichtigster Film: Ein mörderischer Sommer (1983)

Spader, James
Geboren am 07.02.1960 in Boston (Massachusetts)
Nationalität: Amerikanisch
Wichtigster Film: Sex, Lügen und Video (1989)

Stewart, James
Geboren am 20.05.1908 in Indiana (Pennsylvania)
Nationalität: Amerikanisch
Wichtigster Film: Das Fenster zum Hof (1954)

Sting
Geboren am 01.10.1951 in Wallasend (Northumberland)
Nationalität: Britisch
Wichtigster Film: Quadrophenia (1979)

Sutherland, Donald
Geboren am 17.07.1934 in St. John (New Brunswick)
Nationalität: Kanadisch
Wichtigster Film: Die Nadel (1980)

Swayze, Patrick
Geboren am 18.08.1952 in Houston (Texas)
Nationalität: Amerikanisch
Wichtigster Film: Dirty Dancing (1987)

Ustinov, Peter
Geboren am 16.04.1921 in Swiss Cottage (North London)
Nationalität: Britisch
Wichtigster Film: Quo Vadis (1951)

Van Cleef, Lee
Geboren am 09.01.1925 in Somervile (New Jersey)
Nationalität: Amerikanisch
Wichtigster Film: Zwei glorreiche Halunken (1967)

Van Damme, Jean-Claude
Geboren am 18.10.1960 in Belgien
Nationalität: Belgisch
Wichtigster Film: Bloodsport (1987)

Wayne, John
Geboren am 26.05.1907 in Winterset (Iowa)
Gestorben am 01.06.1979
Nationalität: Amerikanisch
Wichtigster Film: Red River (1948)

Willis, Bruce
Geboren am 19.03.1955 in Deutschland
Nationalität: Amerikanisch
Wichtigster Film: Stirb langsam (1987)

Wilson, Lambert
Geboren am 05.08.1956 in Neuilly
Nationalität: Französisch
Wichtigster Film: Rote Küsse (1985)